Plumes et Rêves

Couverture coloriée

par

Alfred E. Villanueva

Créations de Leen Margot

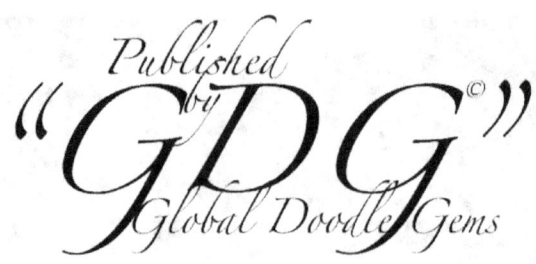

Partagez vos mises en couleur avec nous !
Nous adorons voir ce que vous faites et mieux vous connaître.
Retrouvez-nous sur les réseaux sociaux !

Nos tout derniers projets sont sur notre page FB officielle :
www.facebook.com/globaldoodlegems
Participez à notre communauté, partagez vos mises en couleur,
rencontrez les artistes, profitez de cadeaux exclusifs,
prenez part à nos ouvrages bénévoles et tant d'autres choses.
www.facebook.com/groups/globaldoodlegems/
Suivez-nous sur Twitter : @Globaldoodlegem
Nous sommes aussi sur Instagram : @globaldoodlegems pour instagram
Et si les réseaux sociaux ne vous tentent pas plus que ça,
notre blog n'attend que vous : globaldoodlegems.wordpress.com

Copyright © 2016 Global Doodle Gems
Tous droits réservés Global Doodle Gems
La reproduction des pages est autorisée pour un usage personnel. Nous vous invitons à mettre les pages en couleur, les scanner puis les poster sur les réseaux sociaux en mentionnant le titre de l'ouvrage, le nom de l'auteur/artiste et Global Doodle Gems.
Toutes œuvres et images sont protégées par copyright. Toute reproduction, distribution ou transmission de l'ouvrage ou d'une partie de ce livre est interdite sans l'autorisation écrite expresse de l'artiste/éditeur Global Doodle Gems.
Toute l'équipe de Global Doodle Gems vous souhaite de bons moments tout en couleurs et se réjouit d'en voir le résultat en ligne.

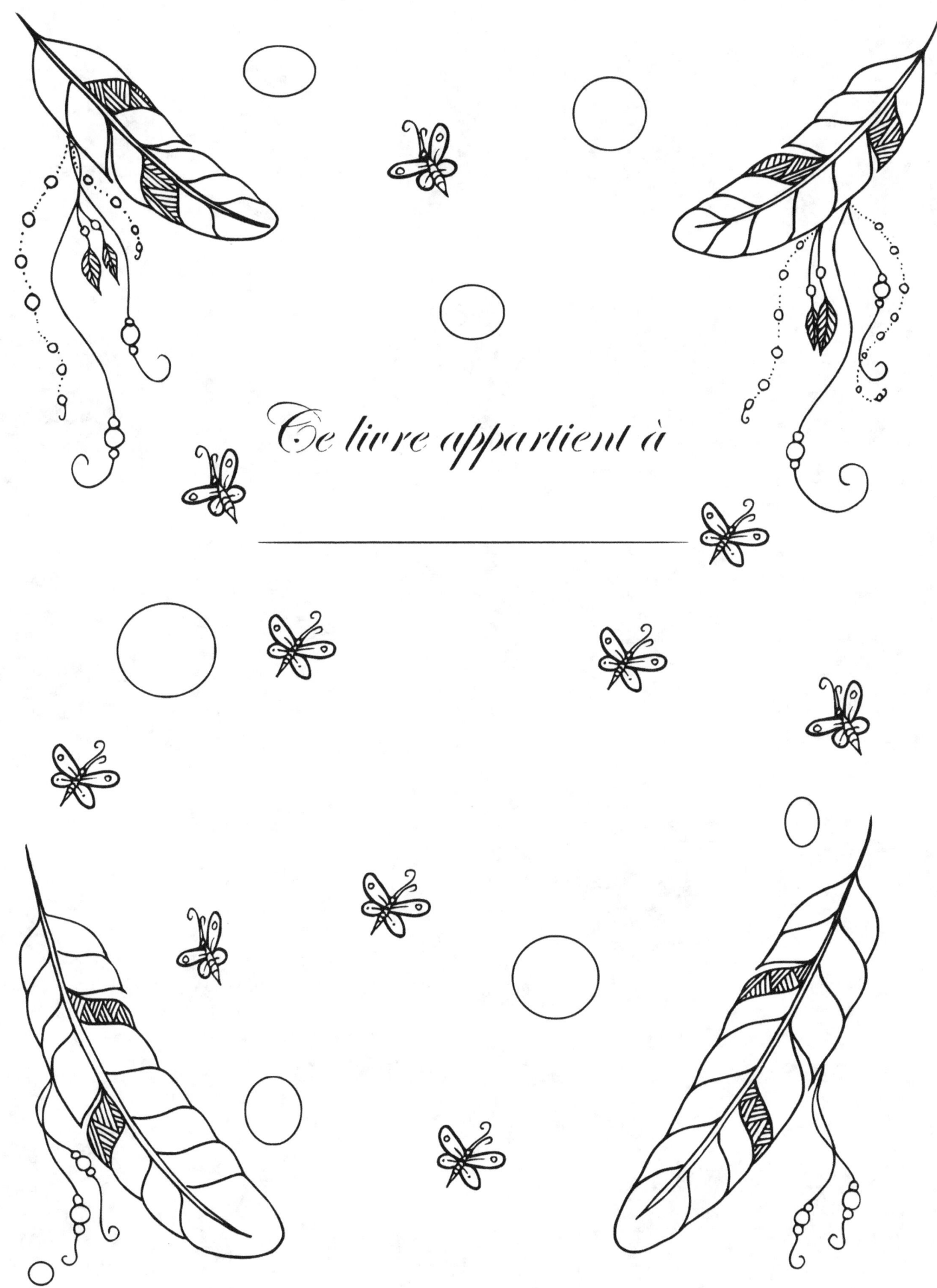

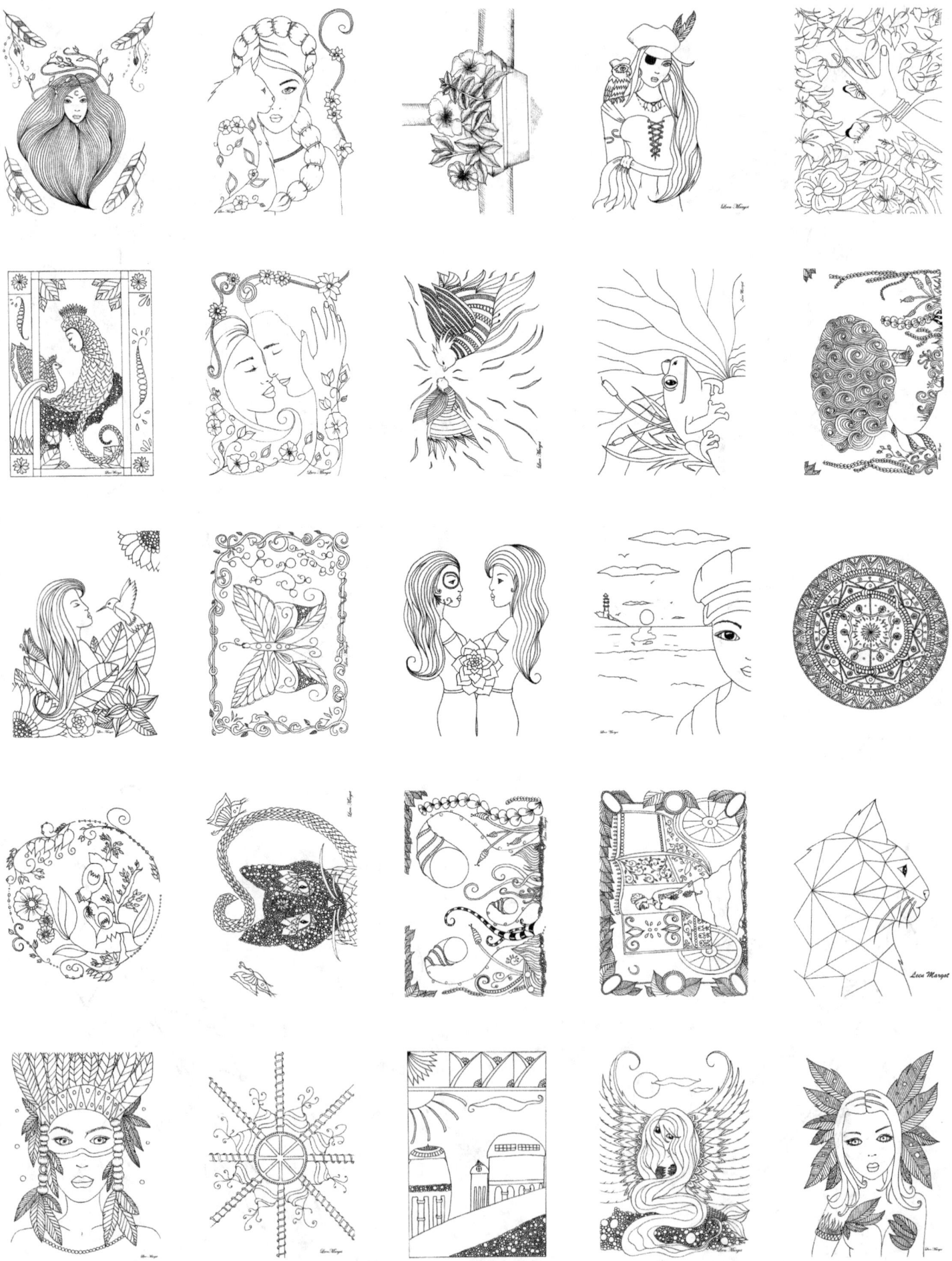

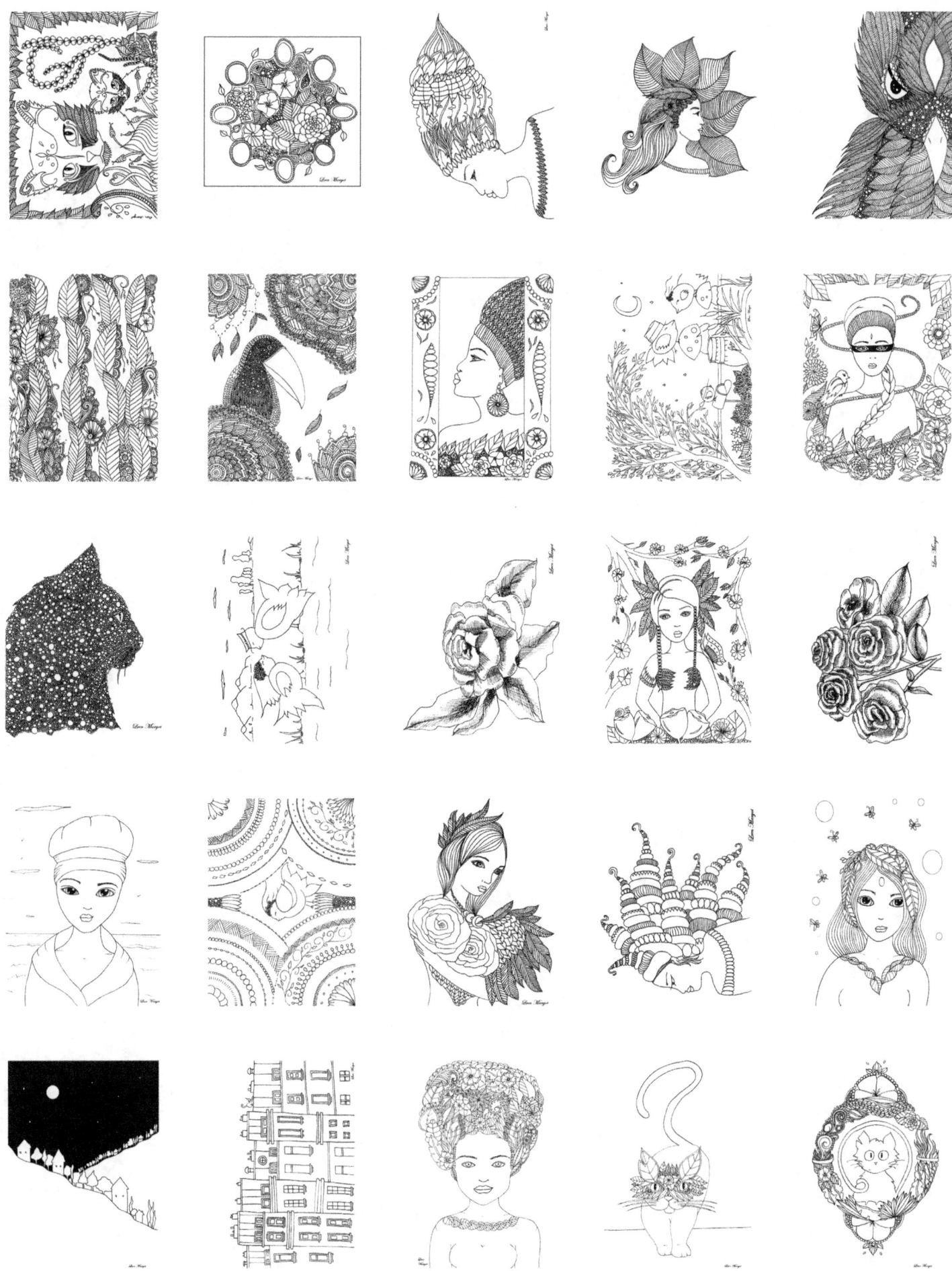

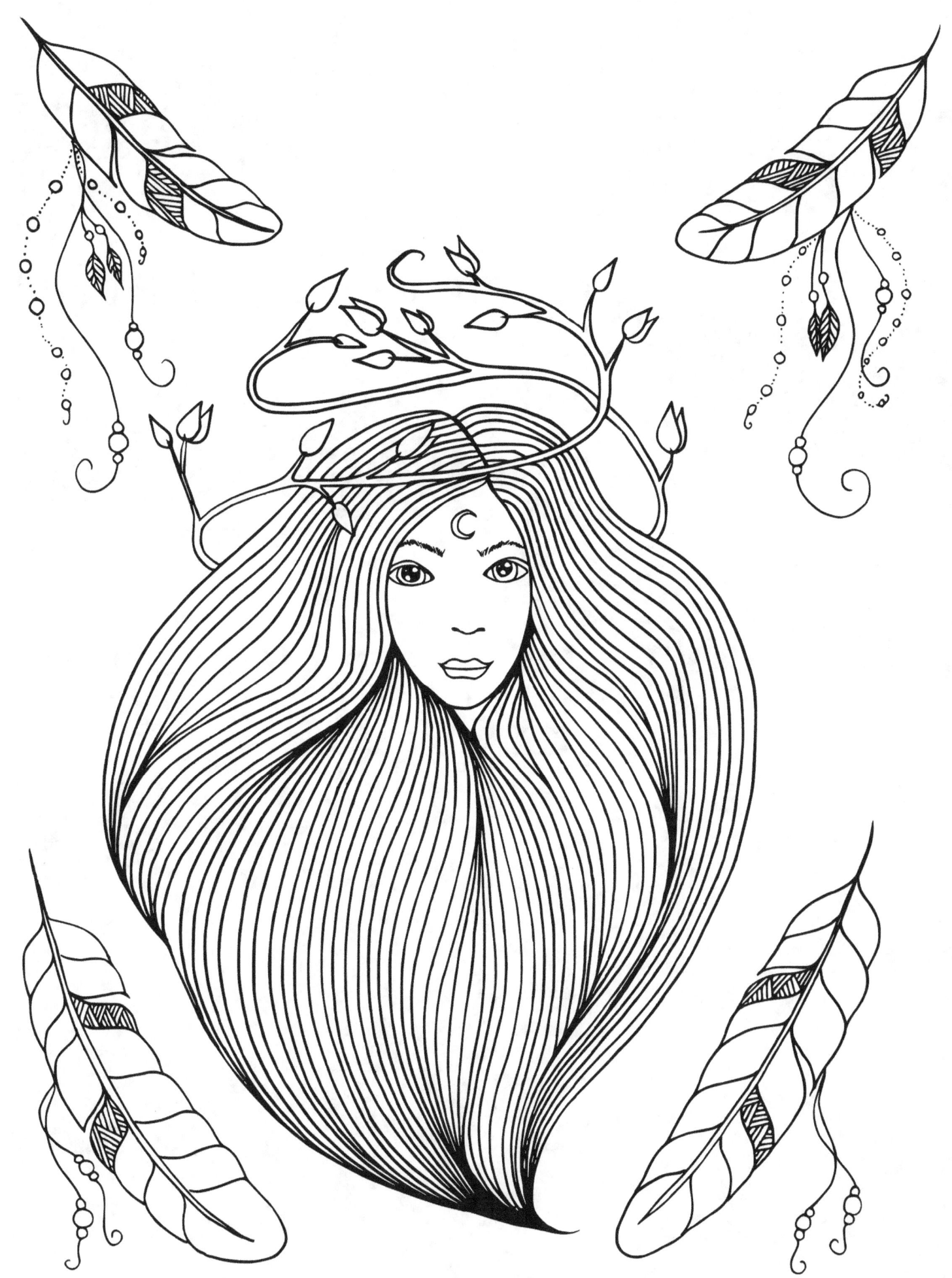

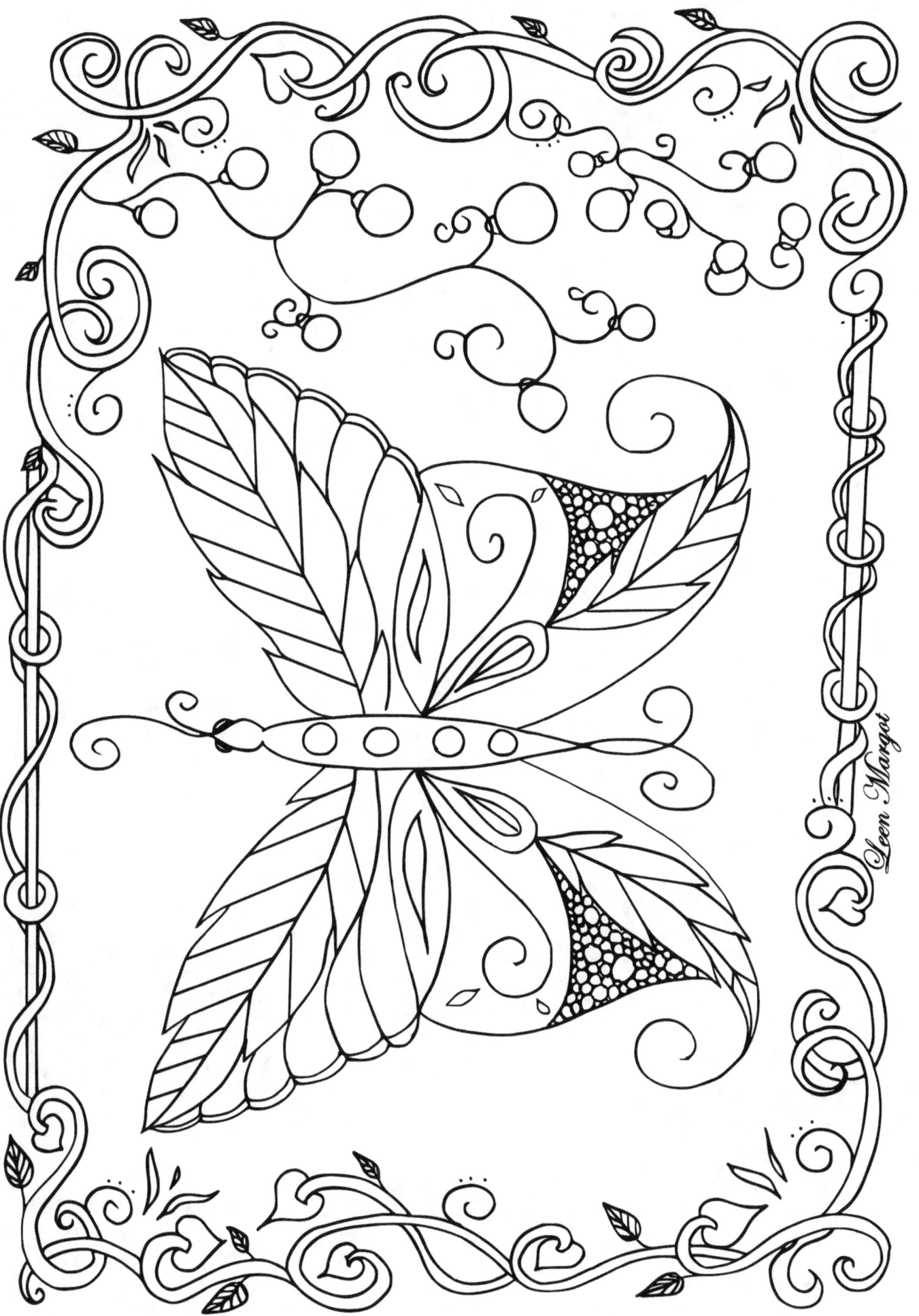

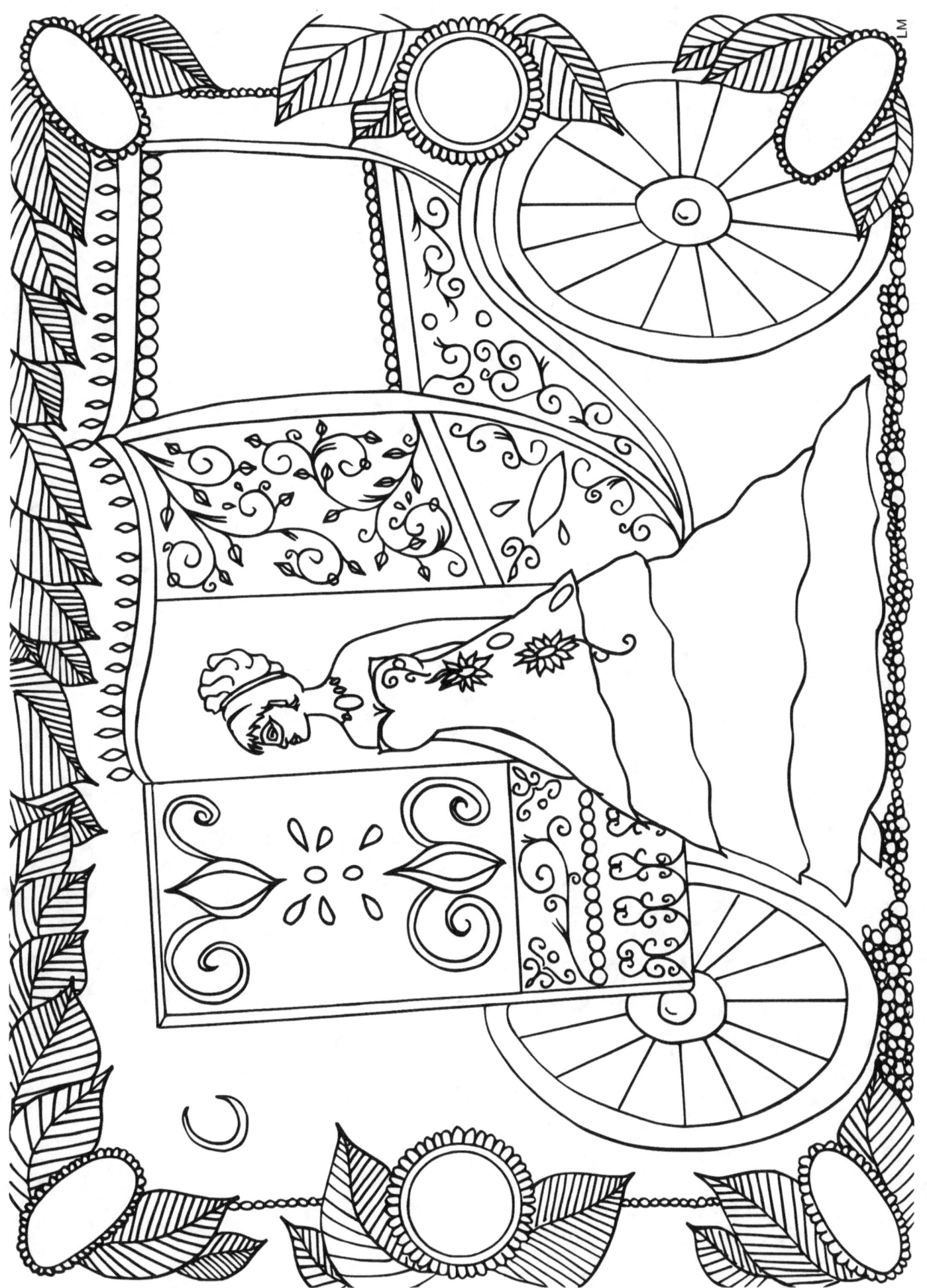

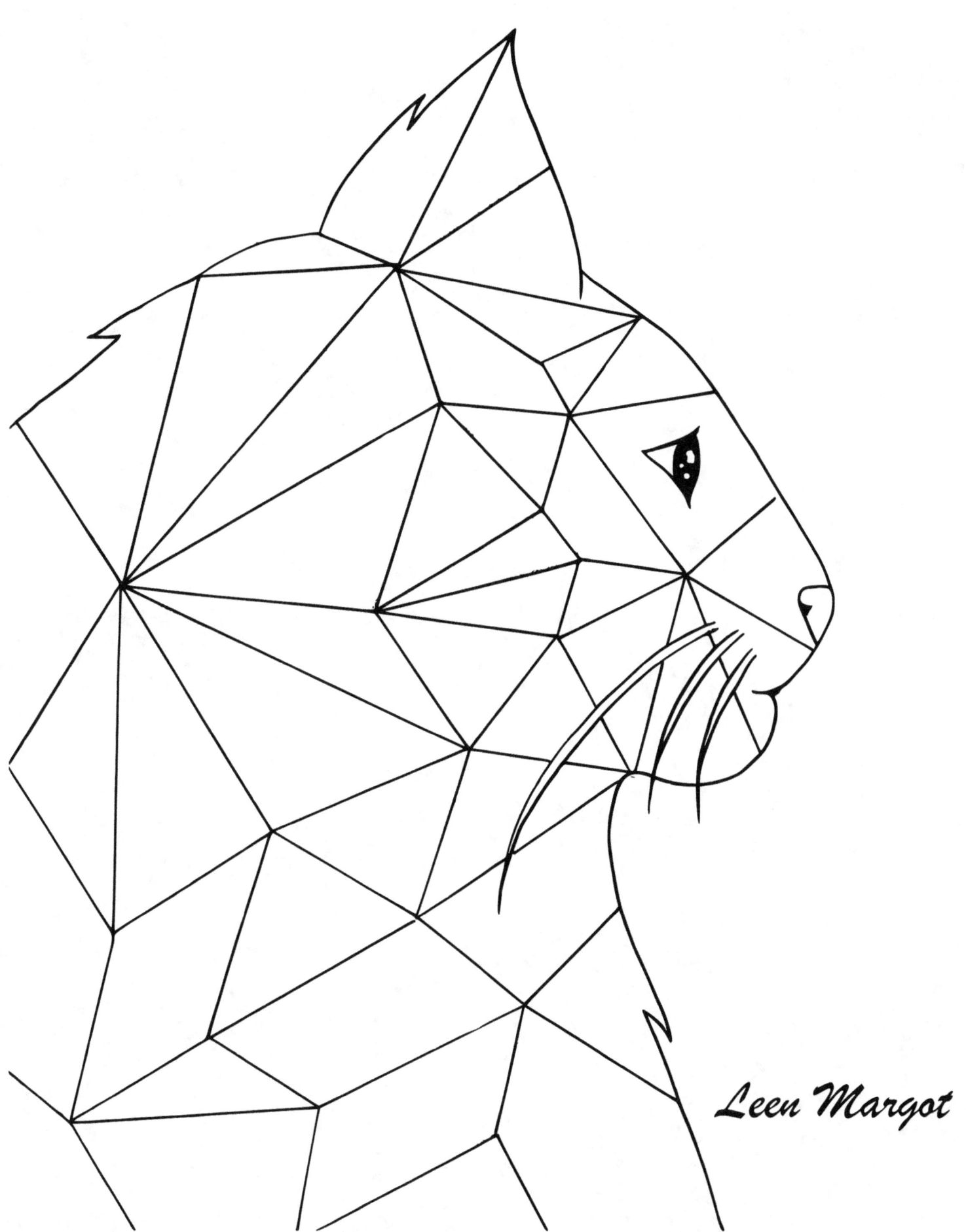

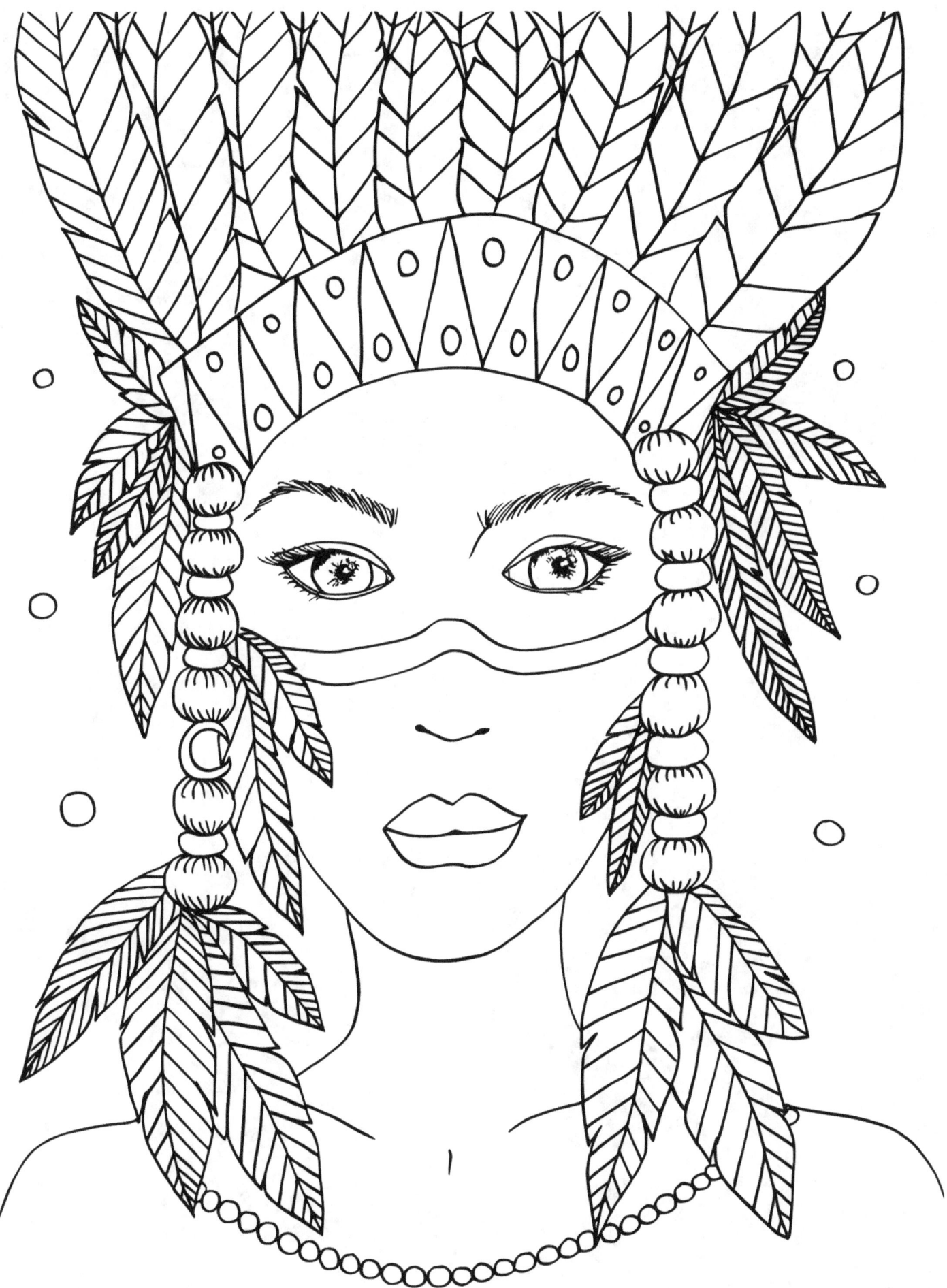

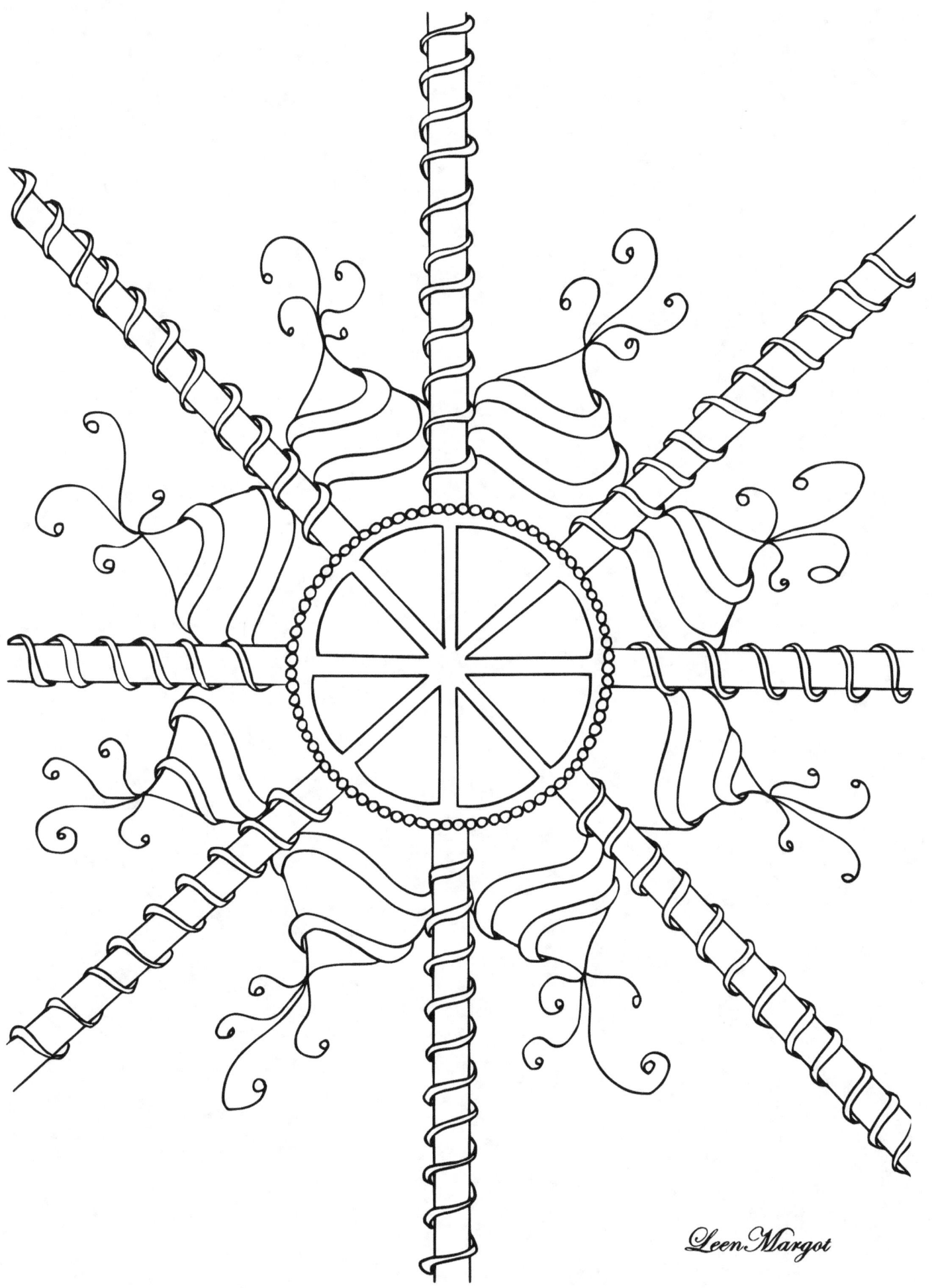

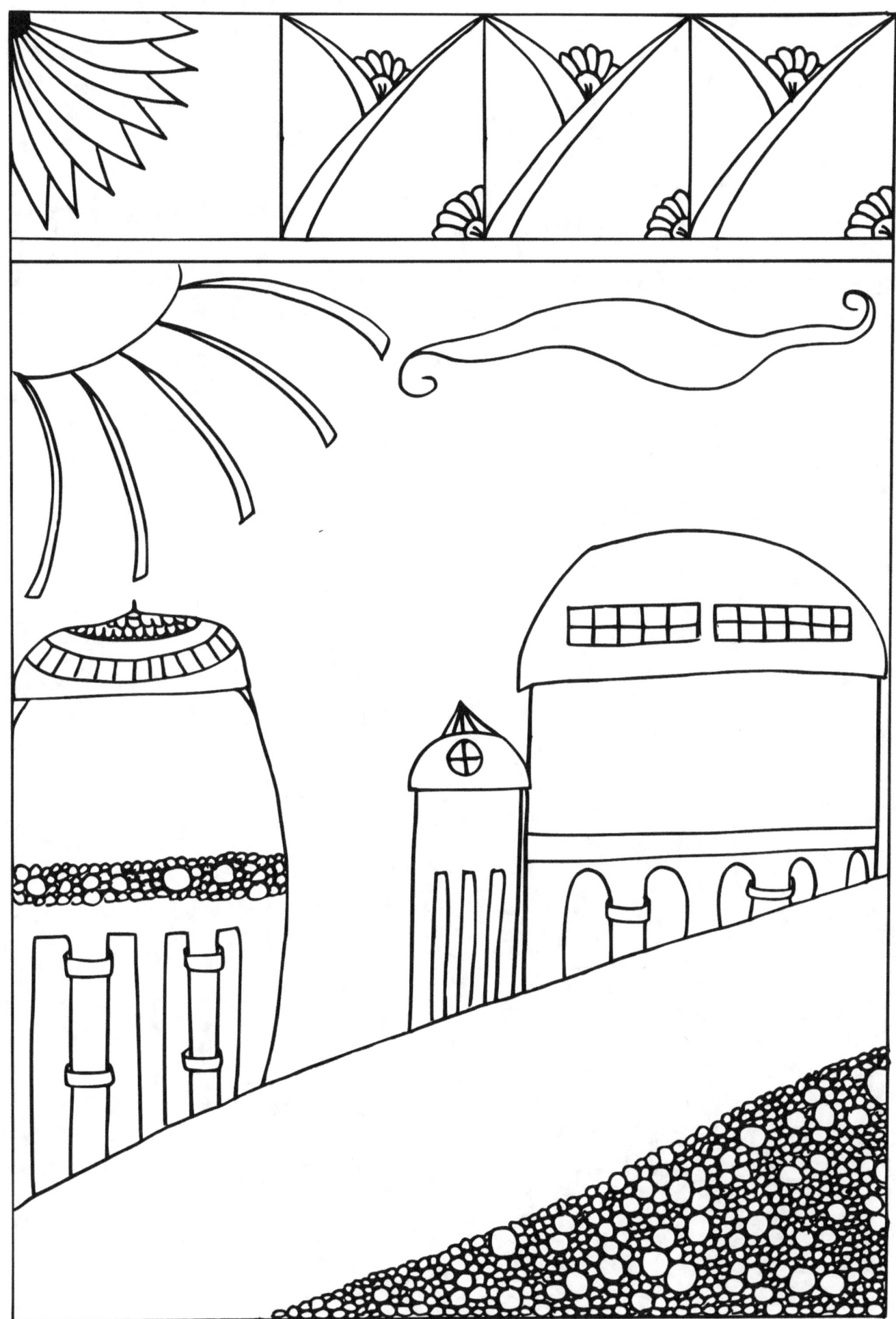

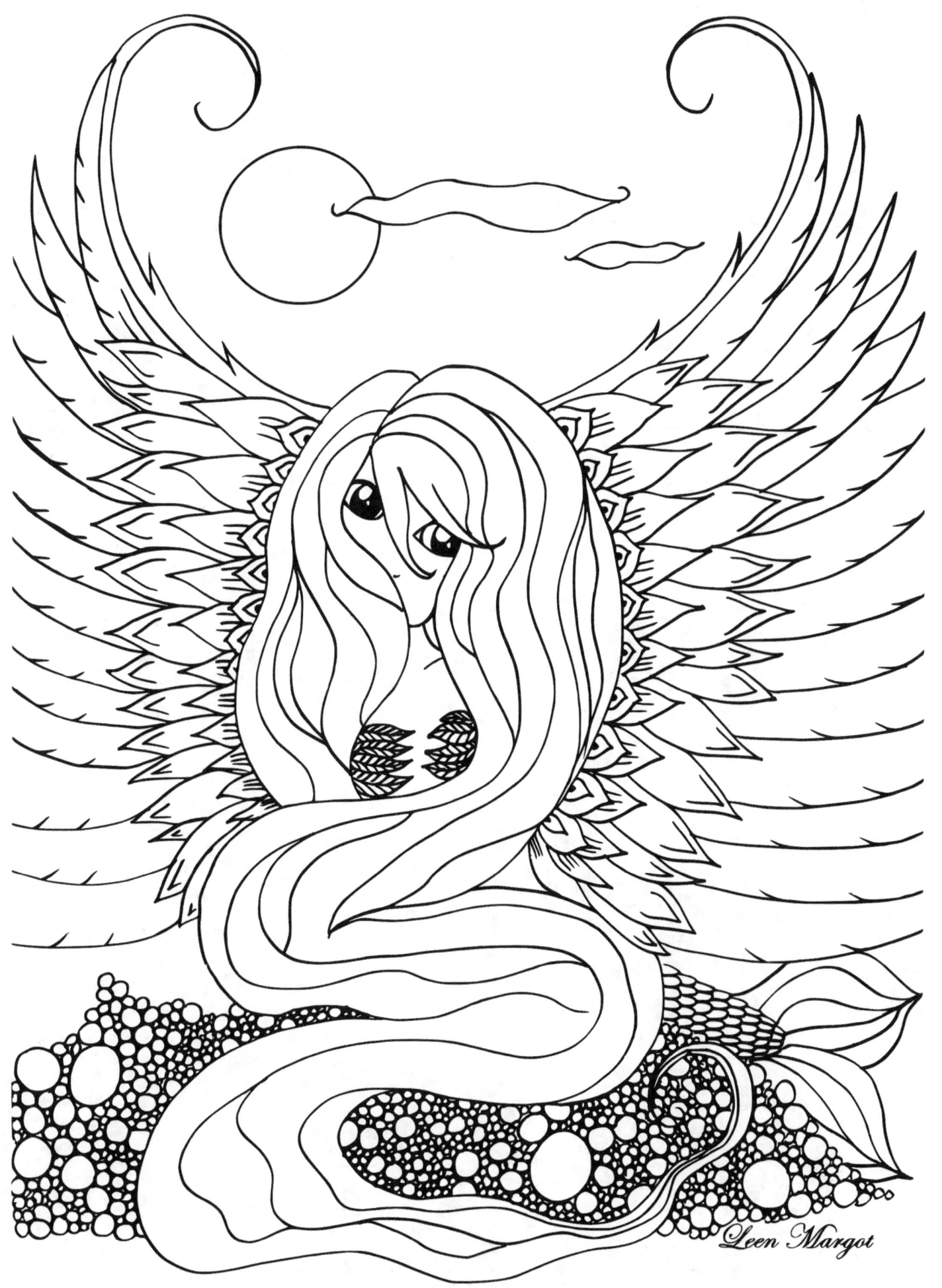

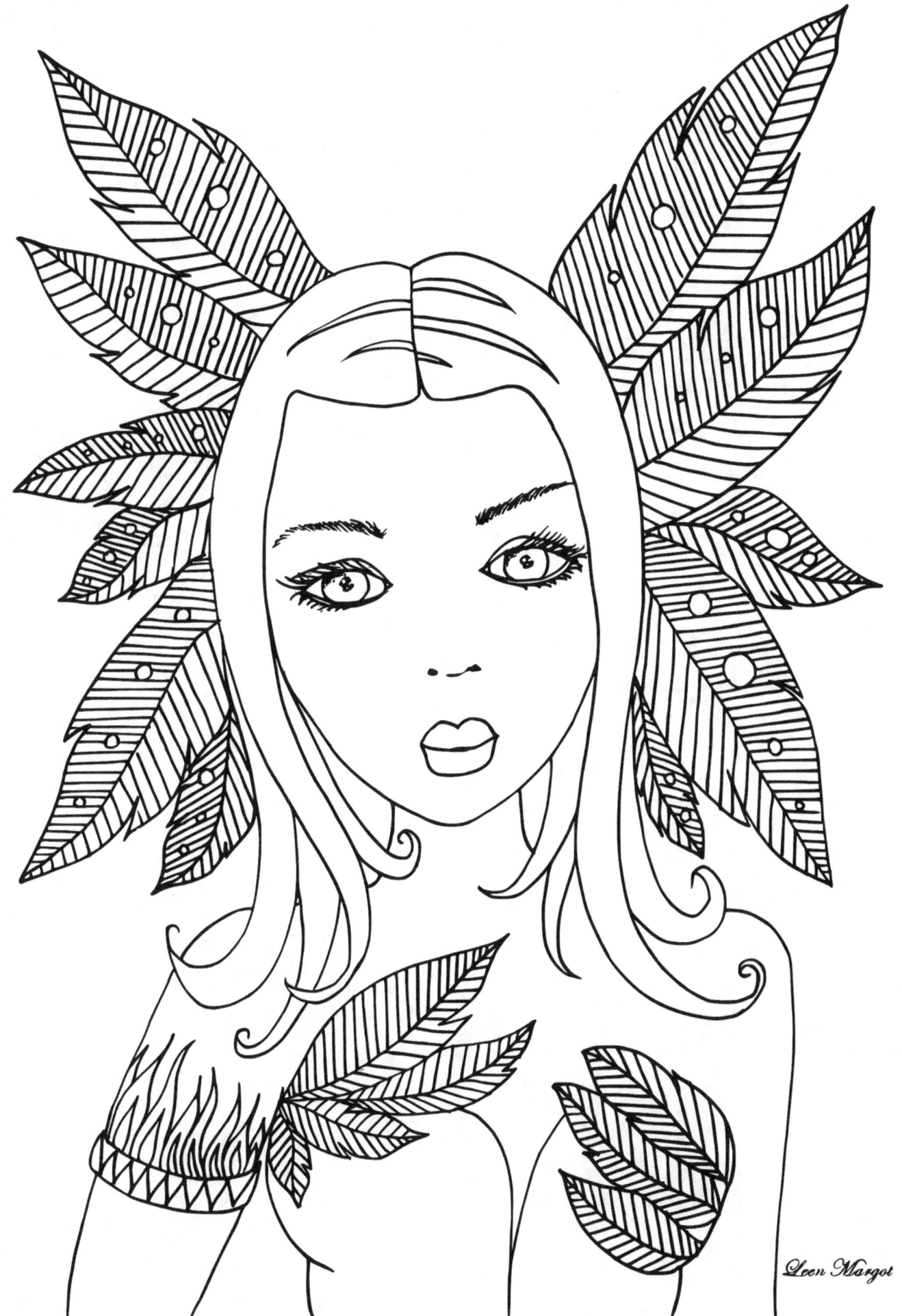

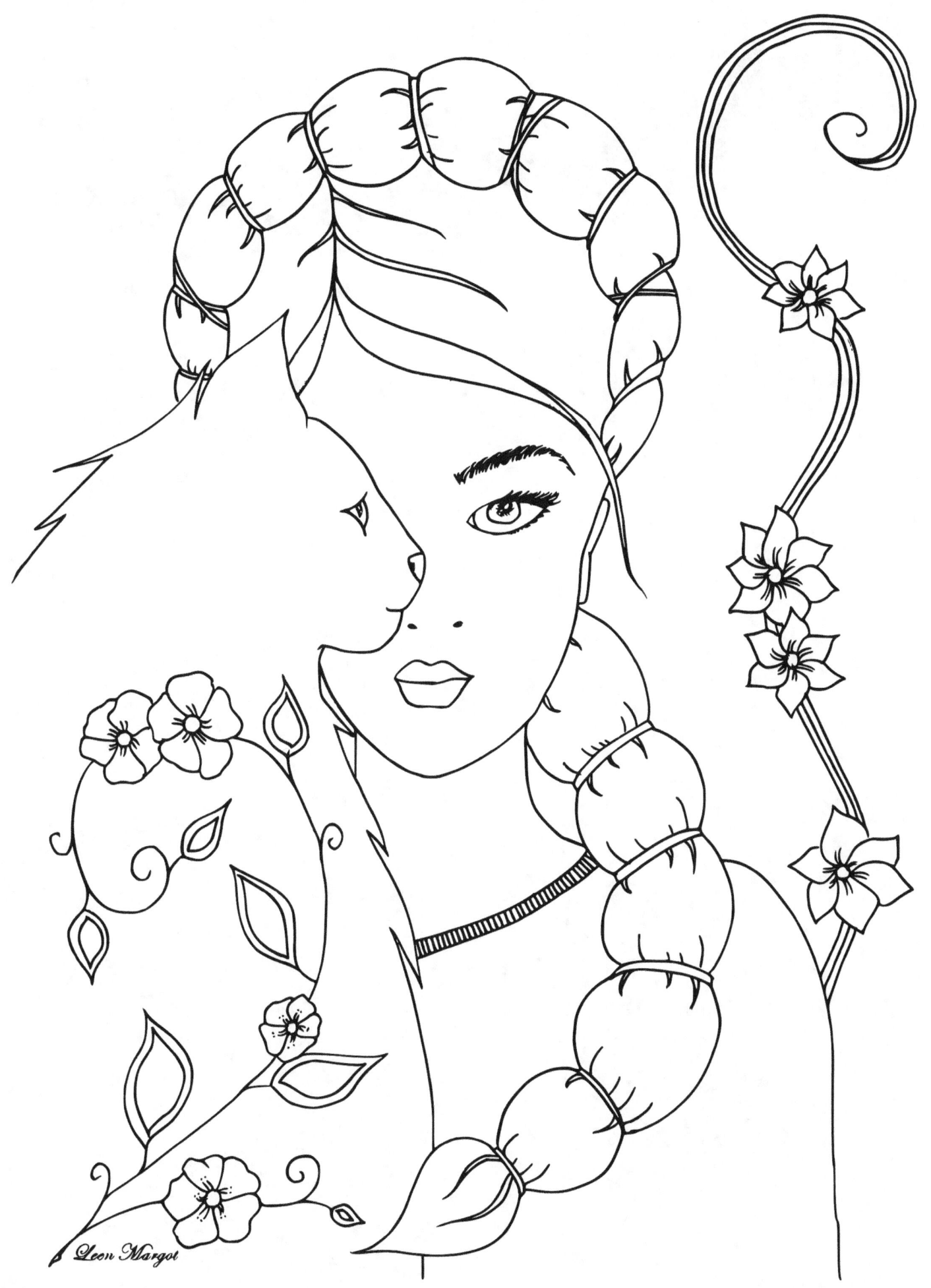

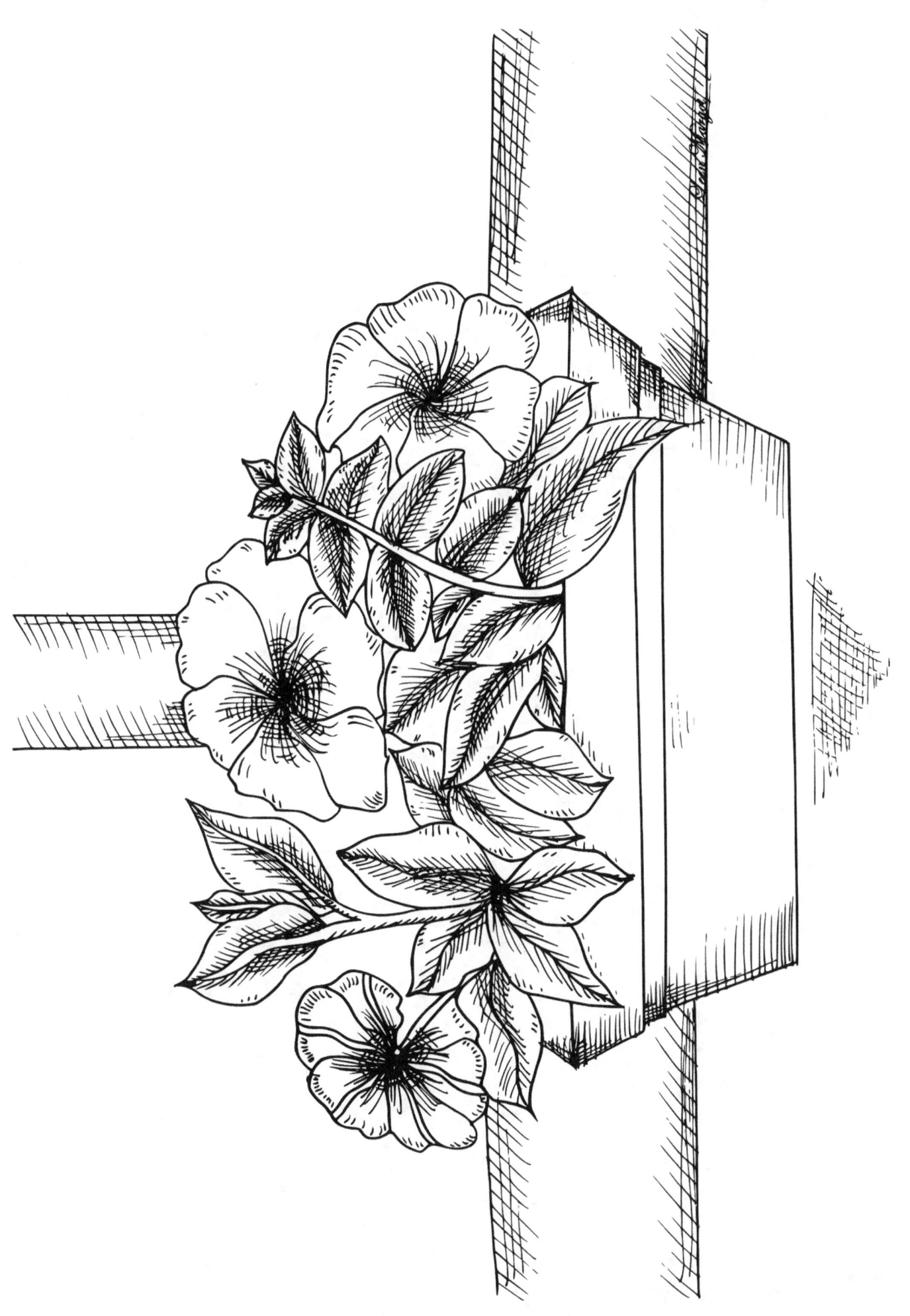

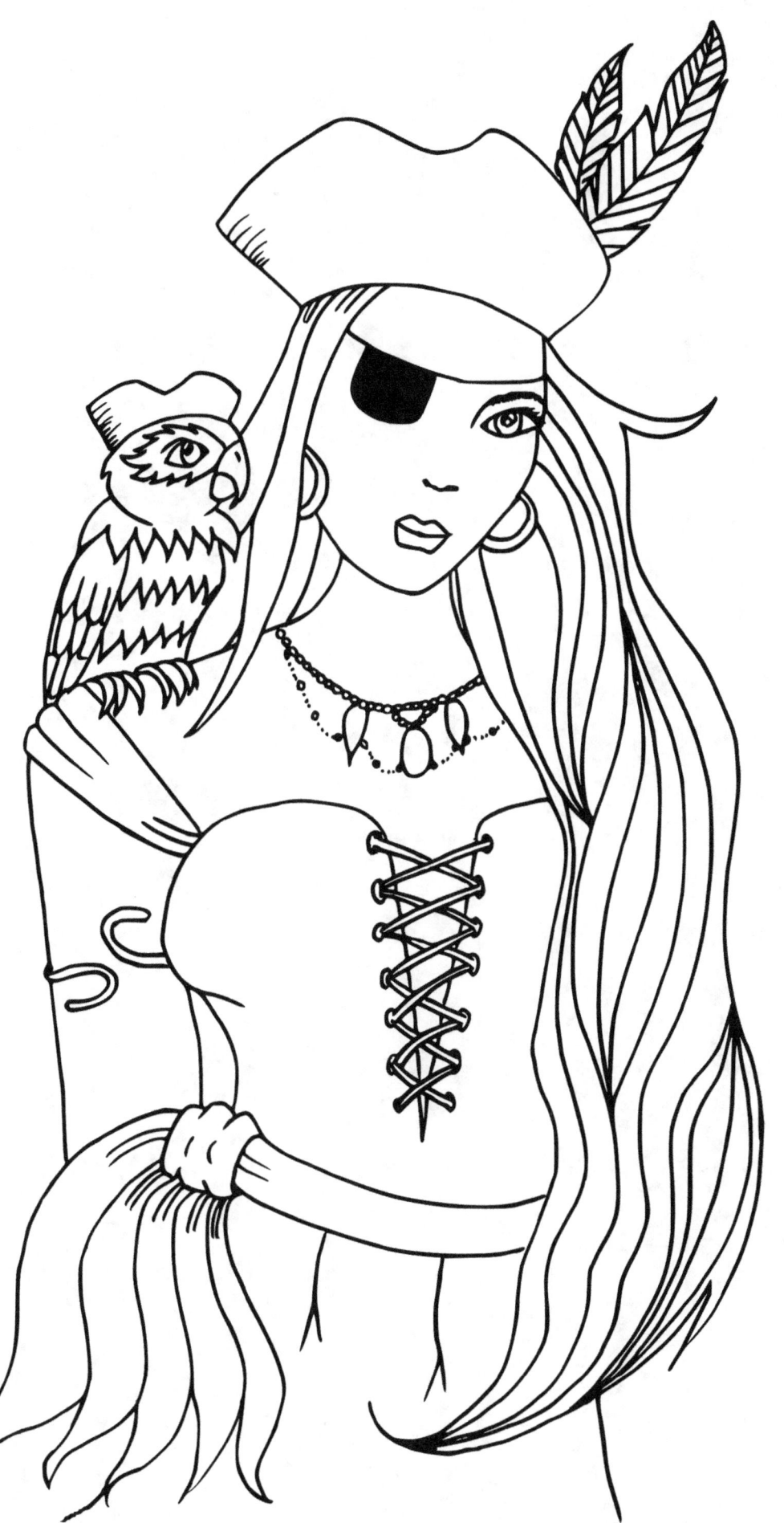

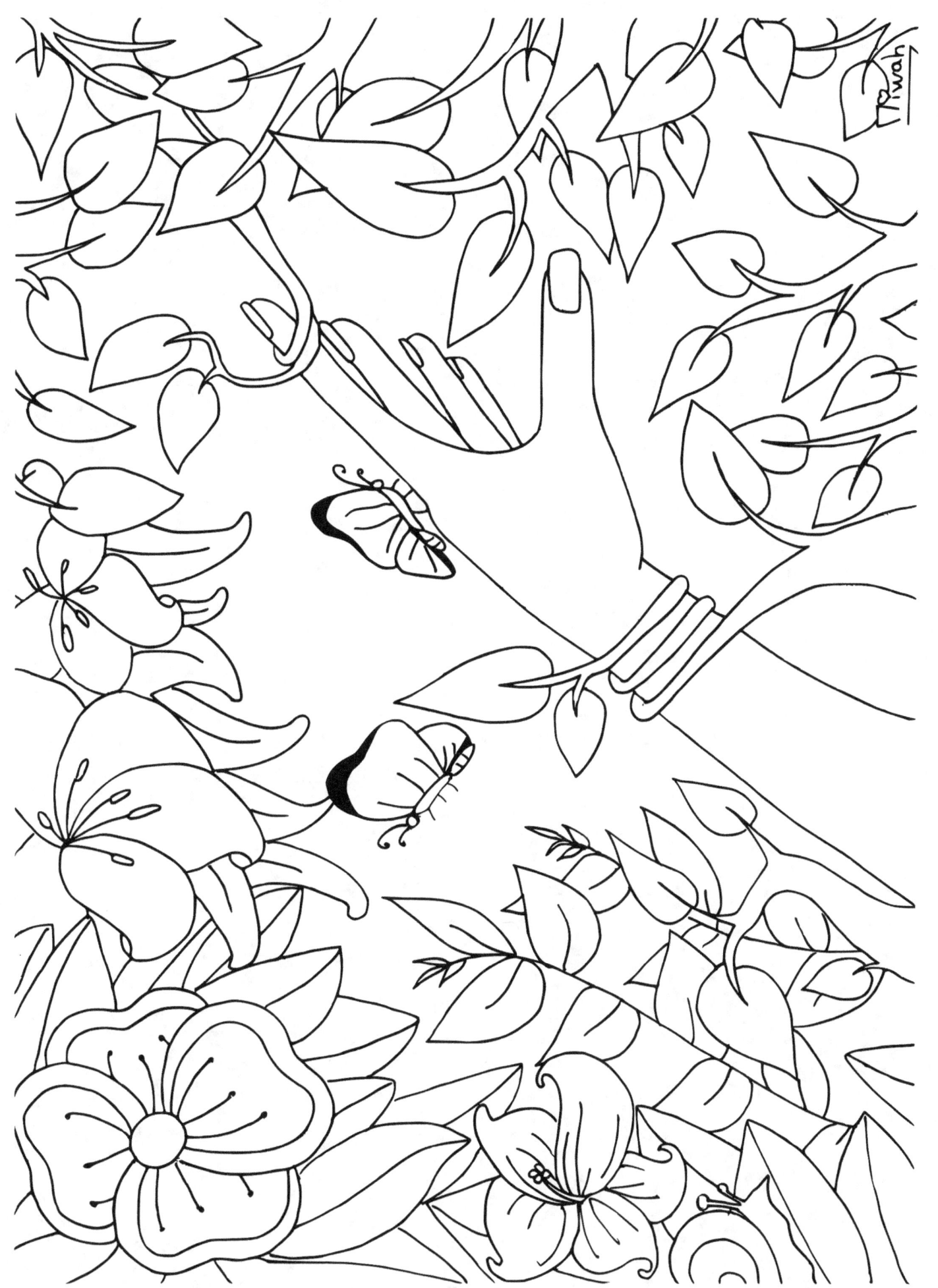

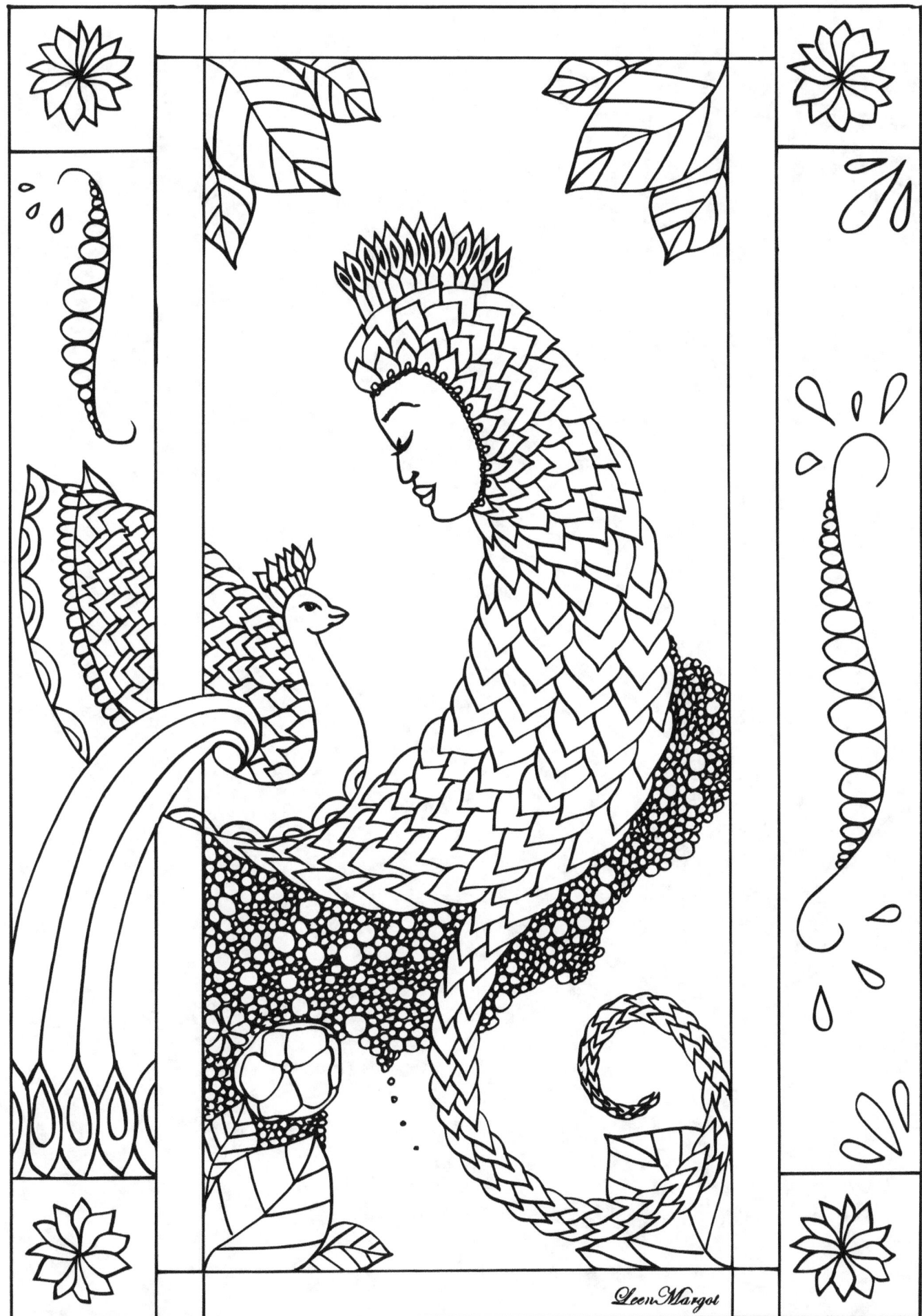

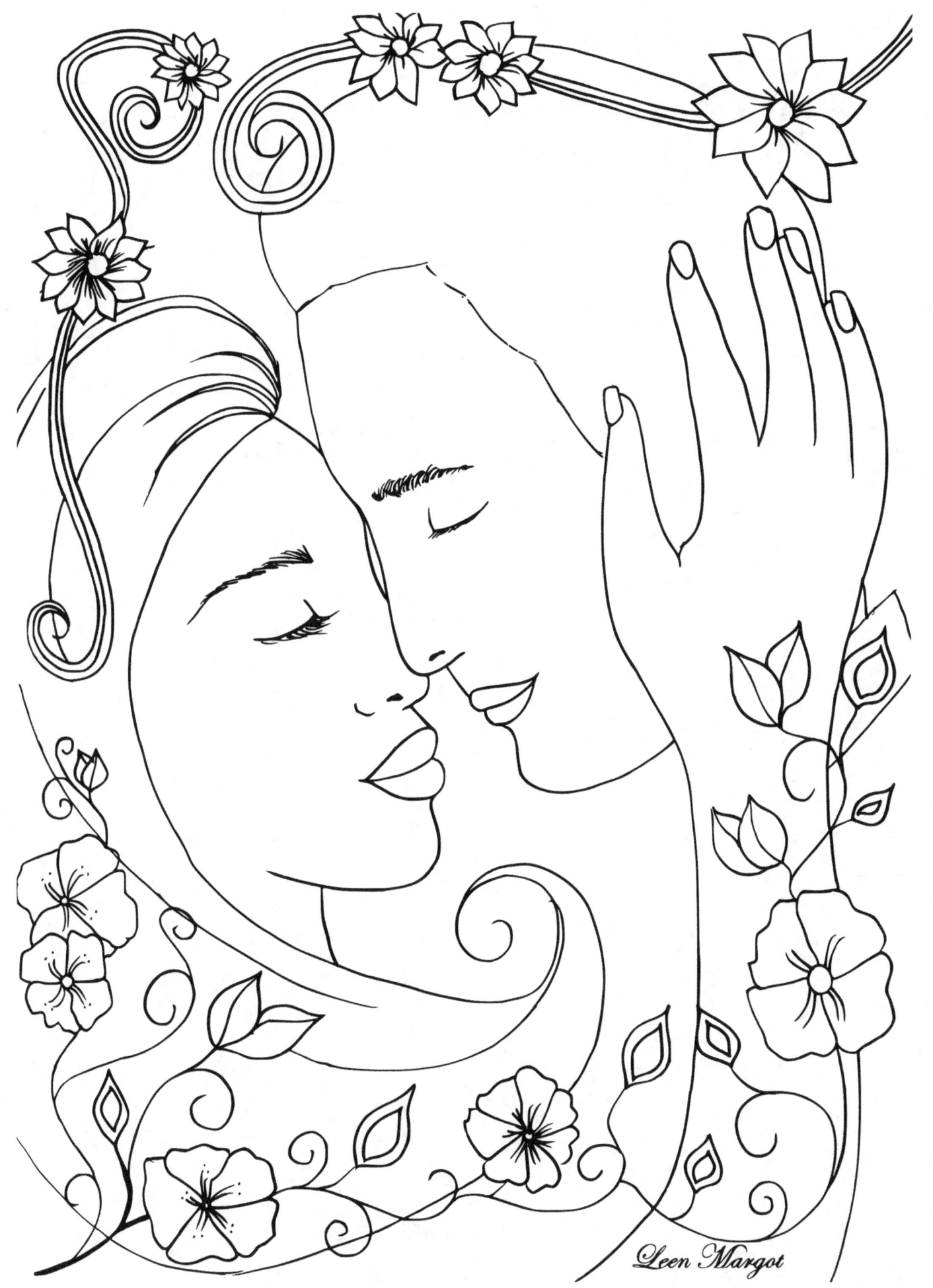

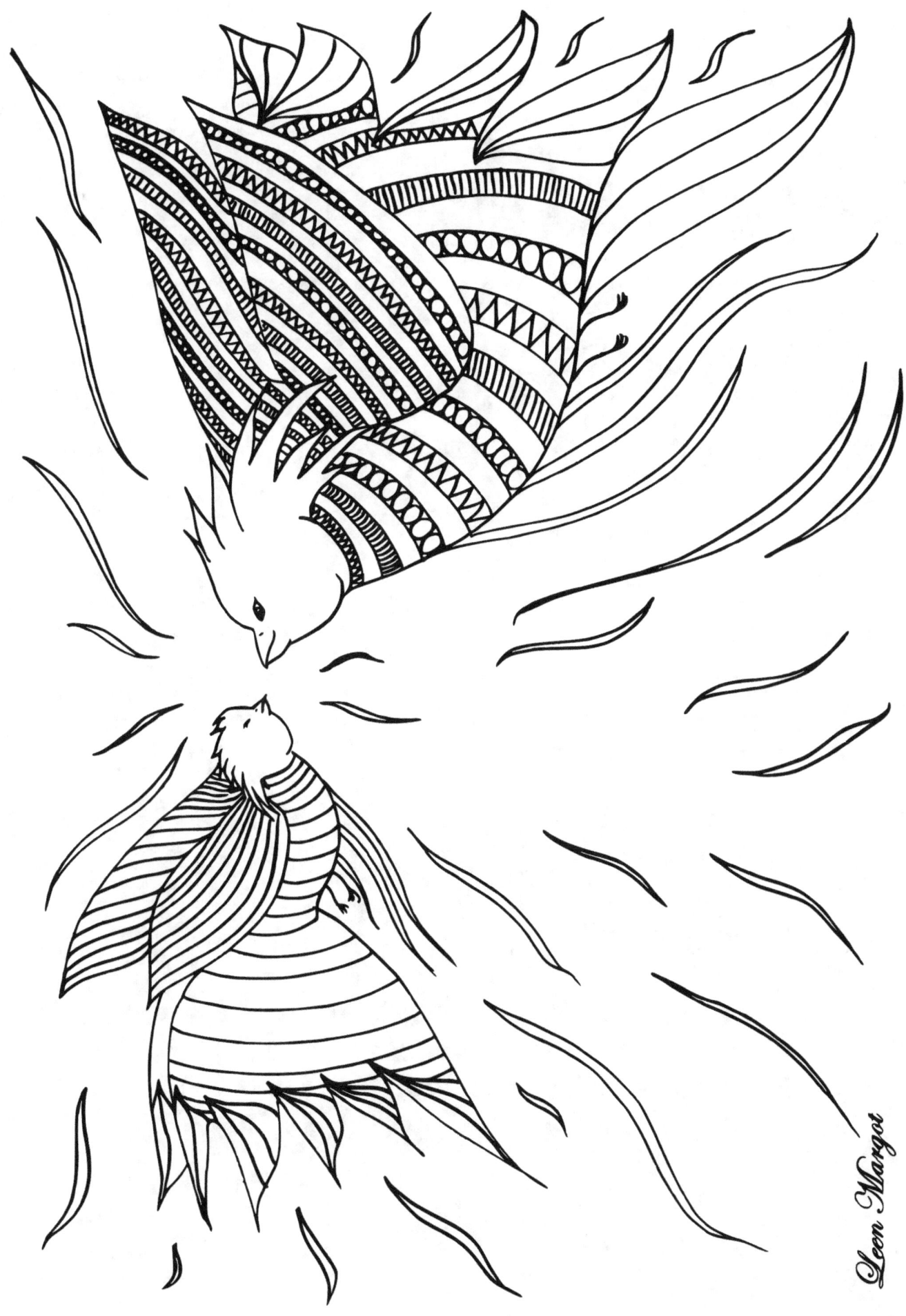

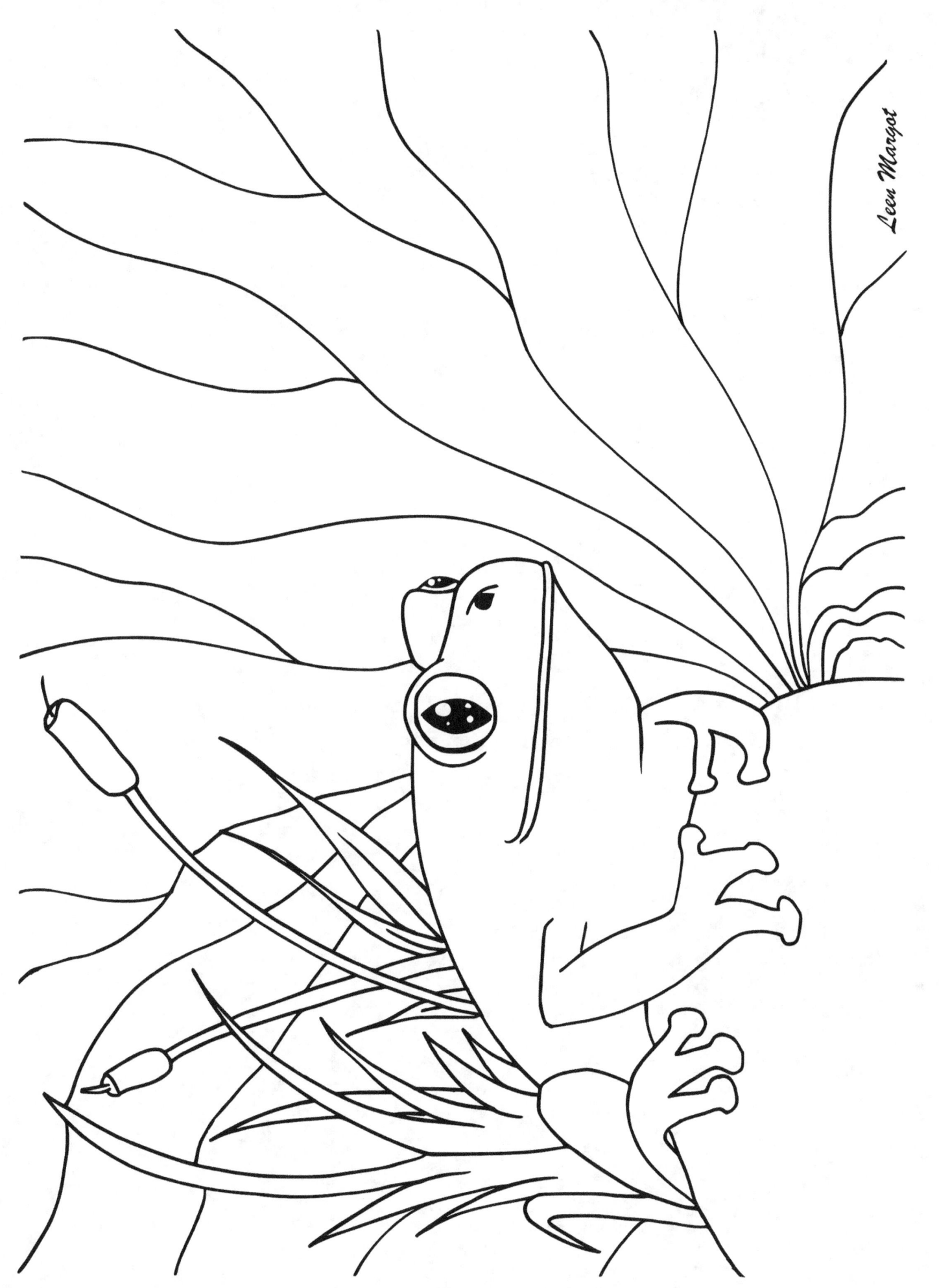

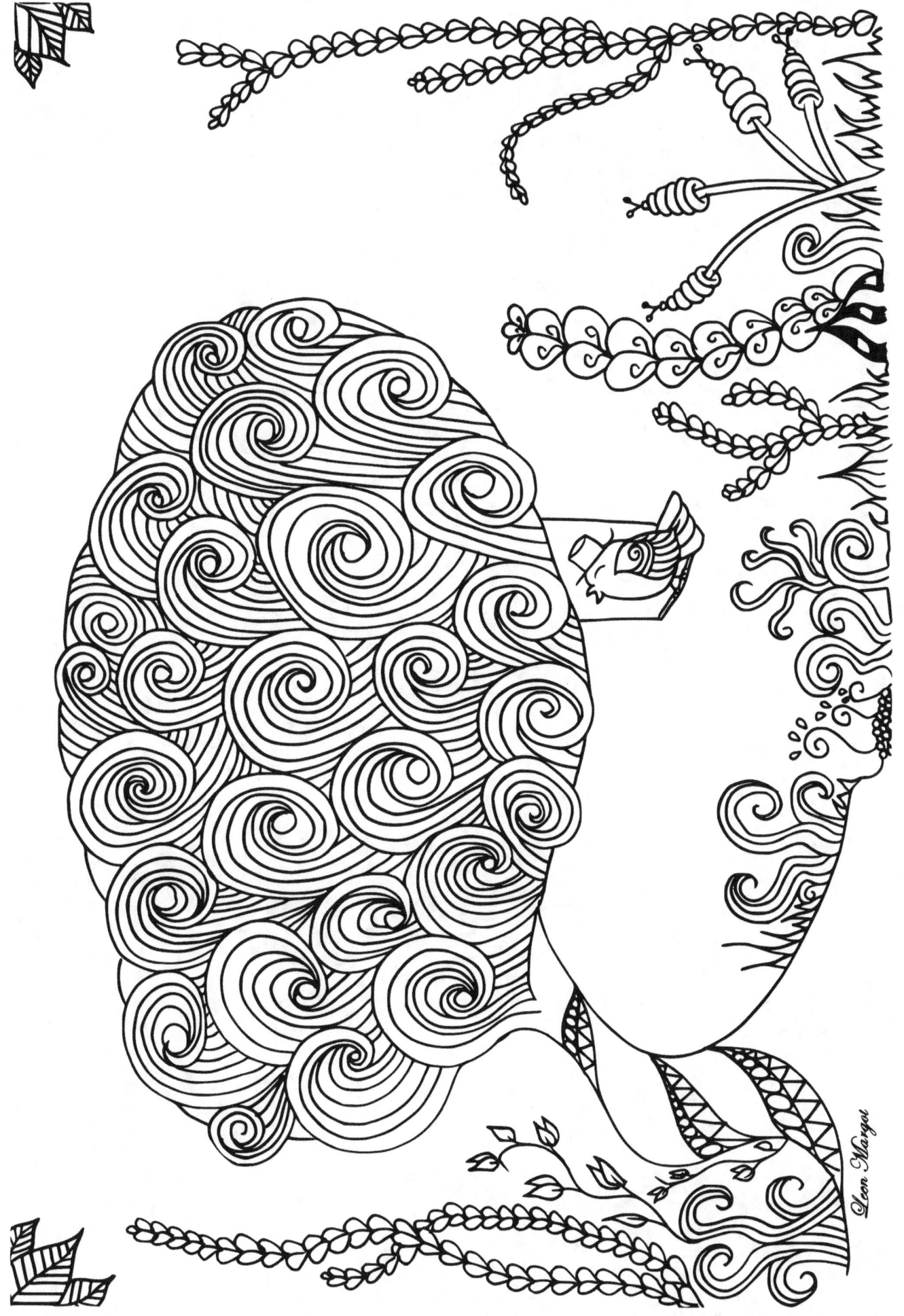

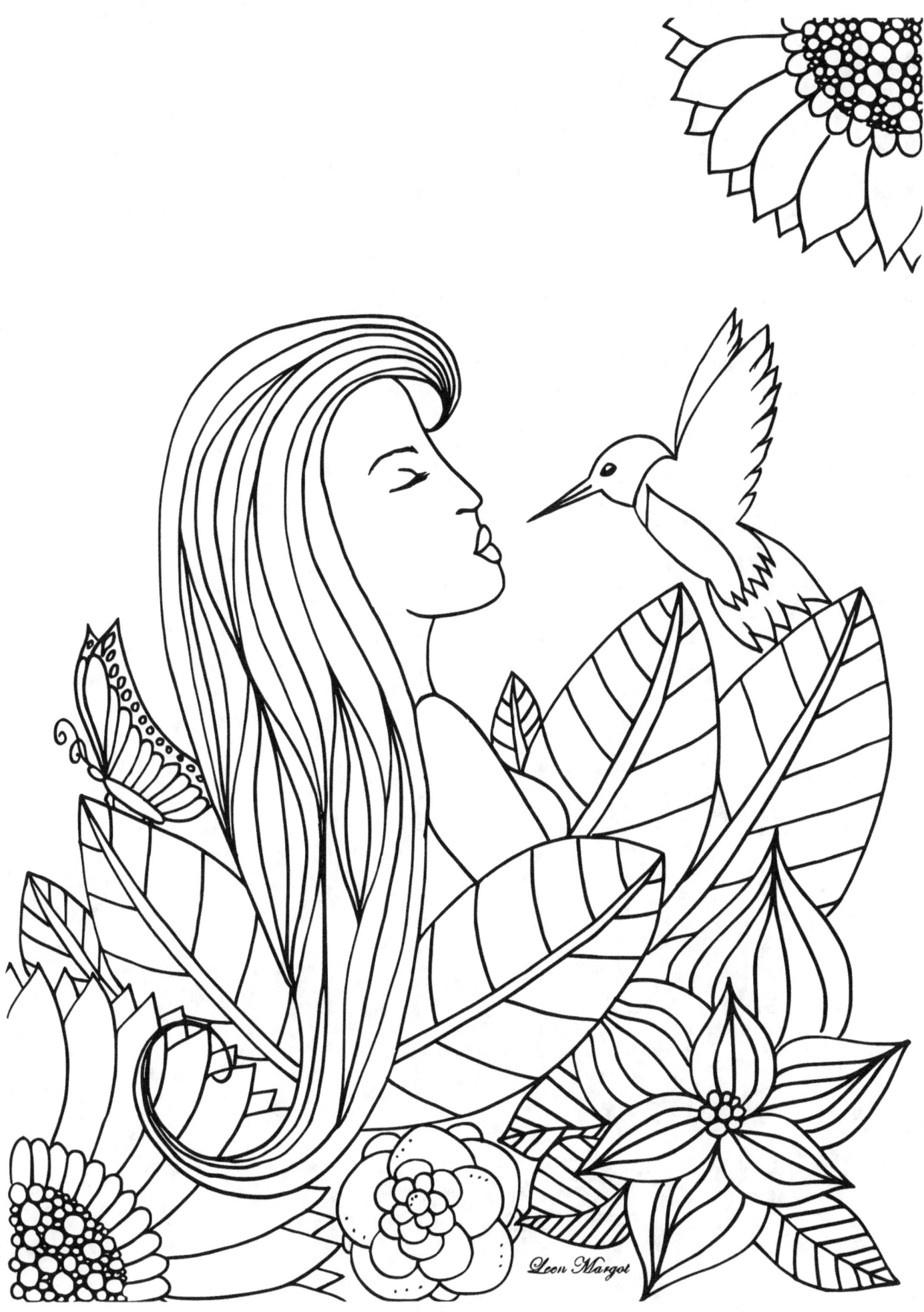

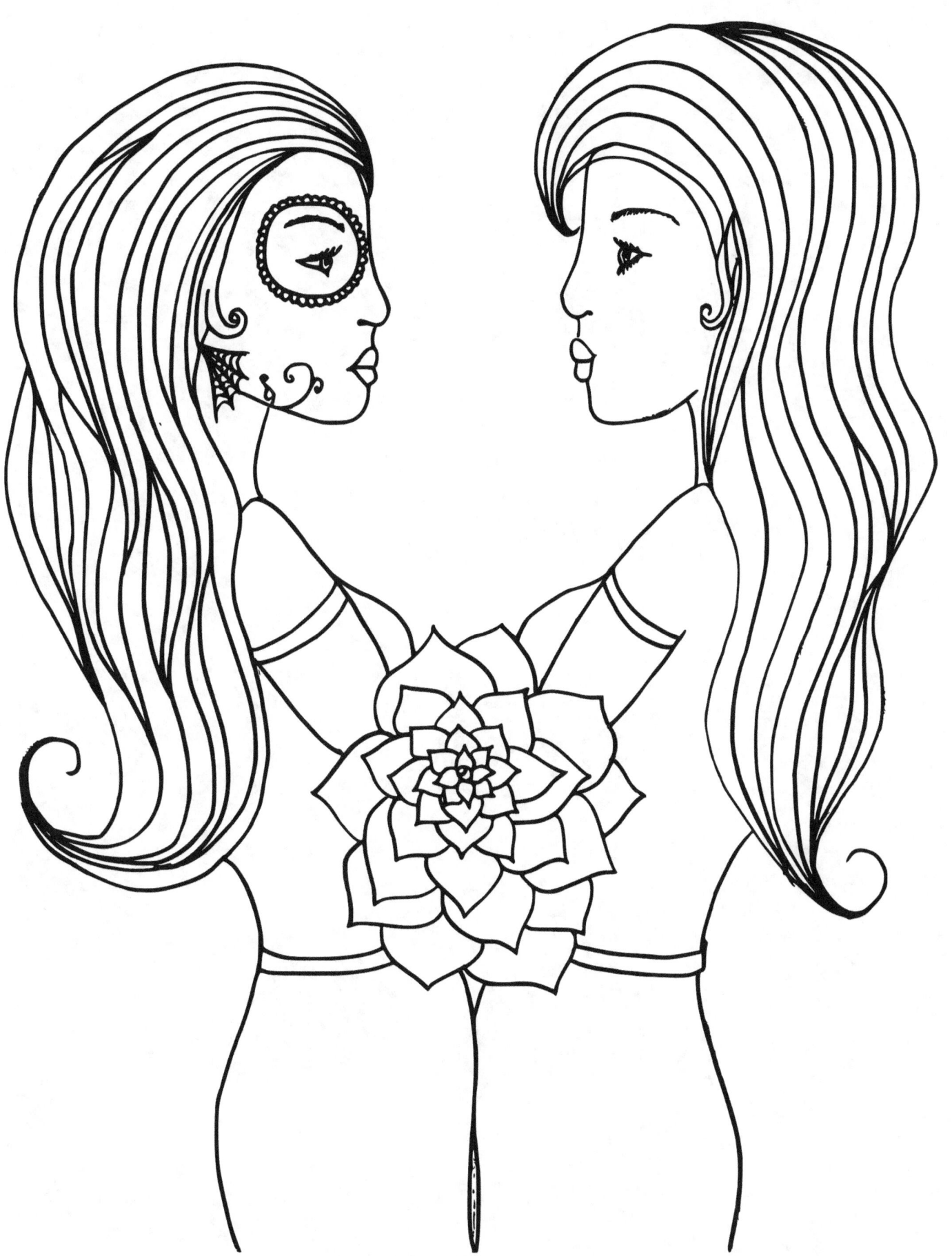

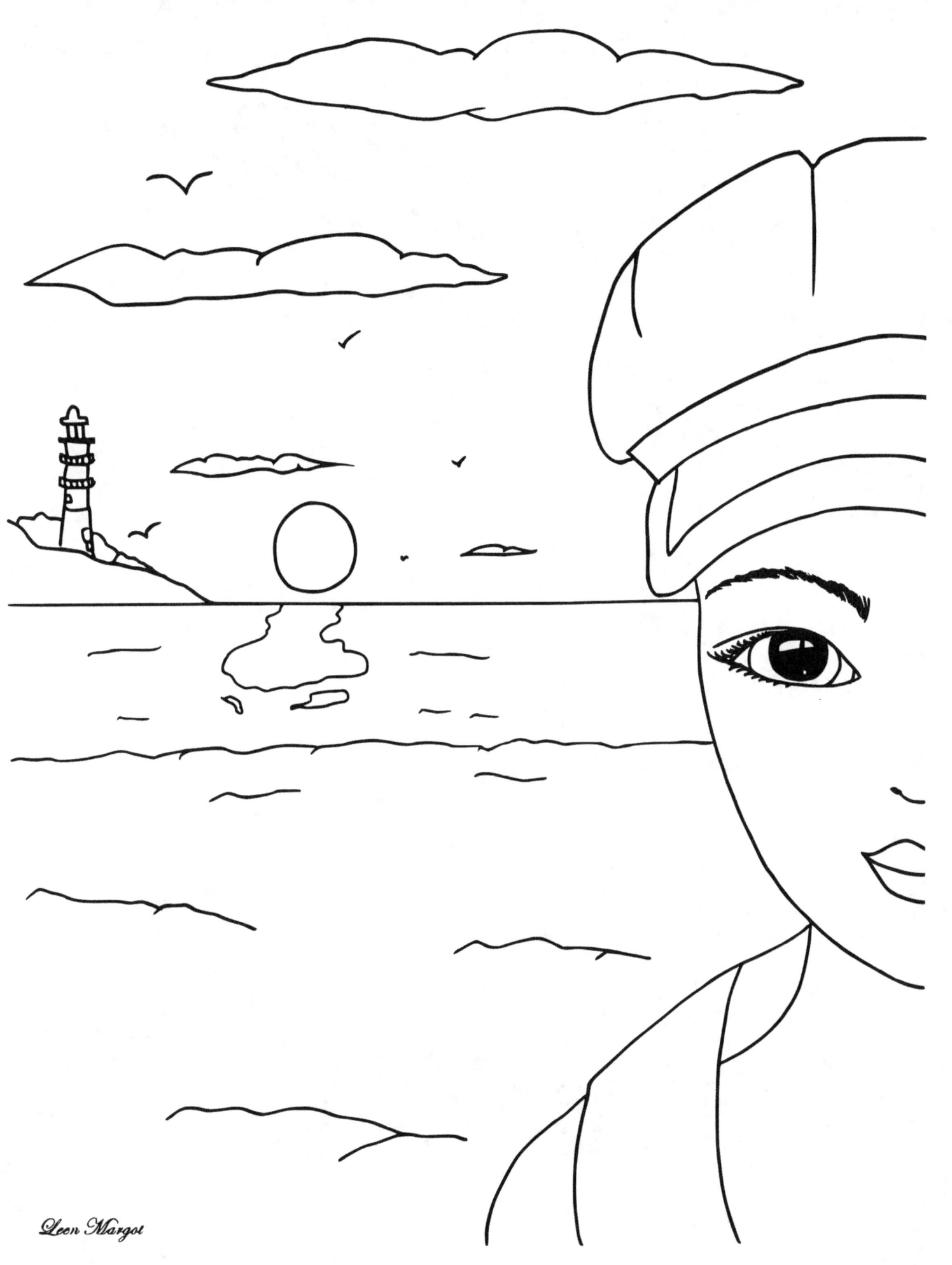

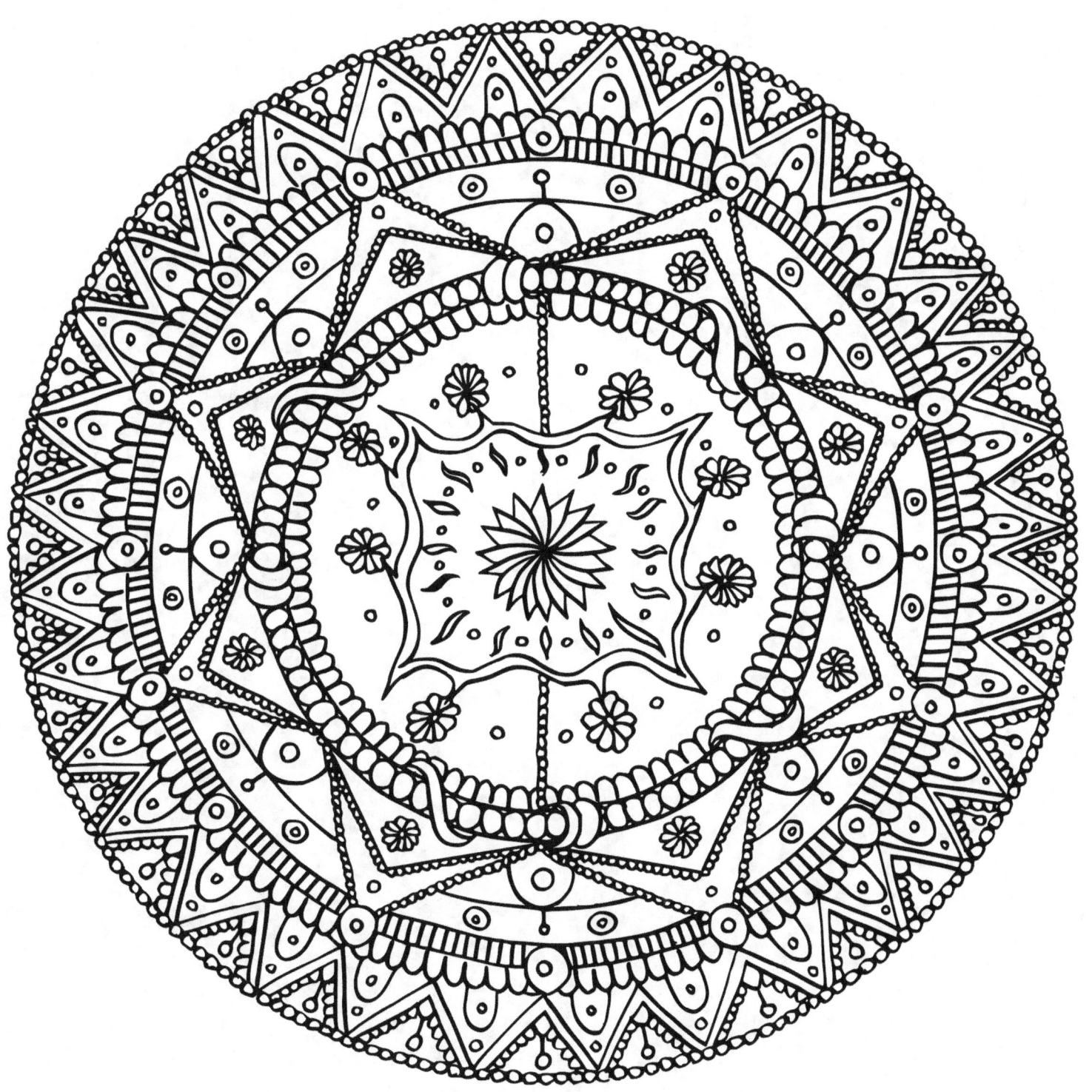

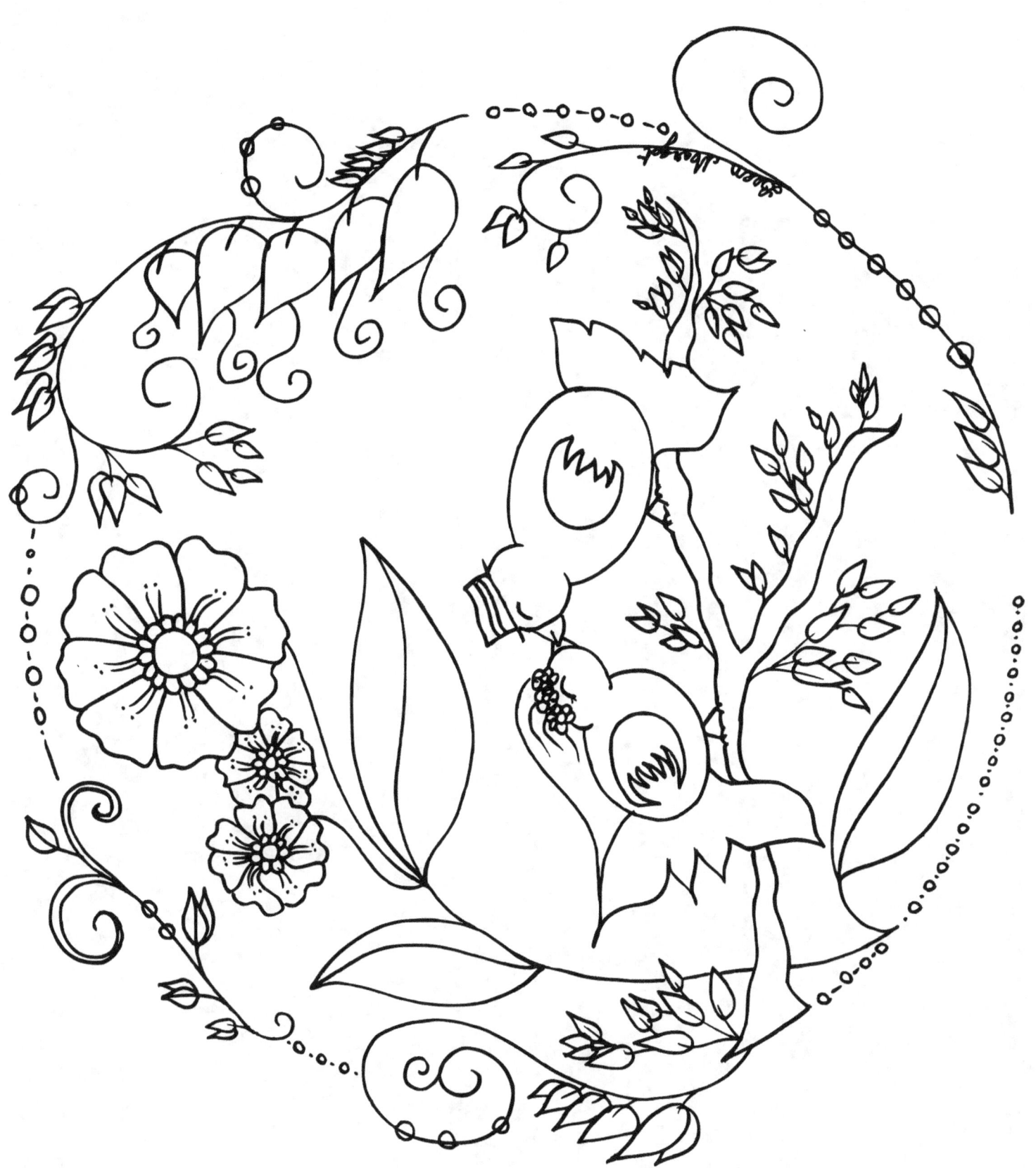

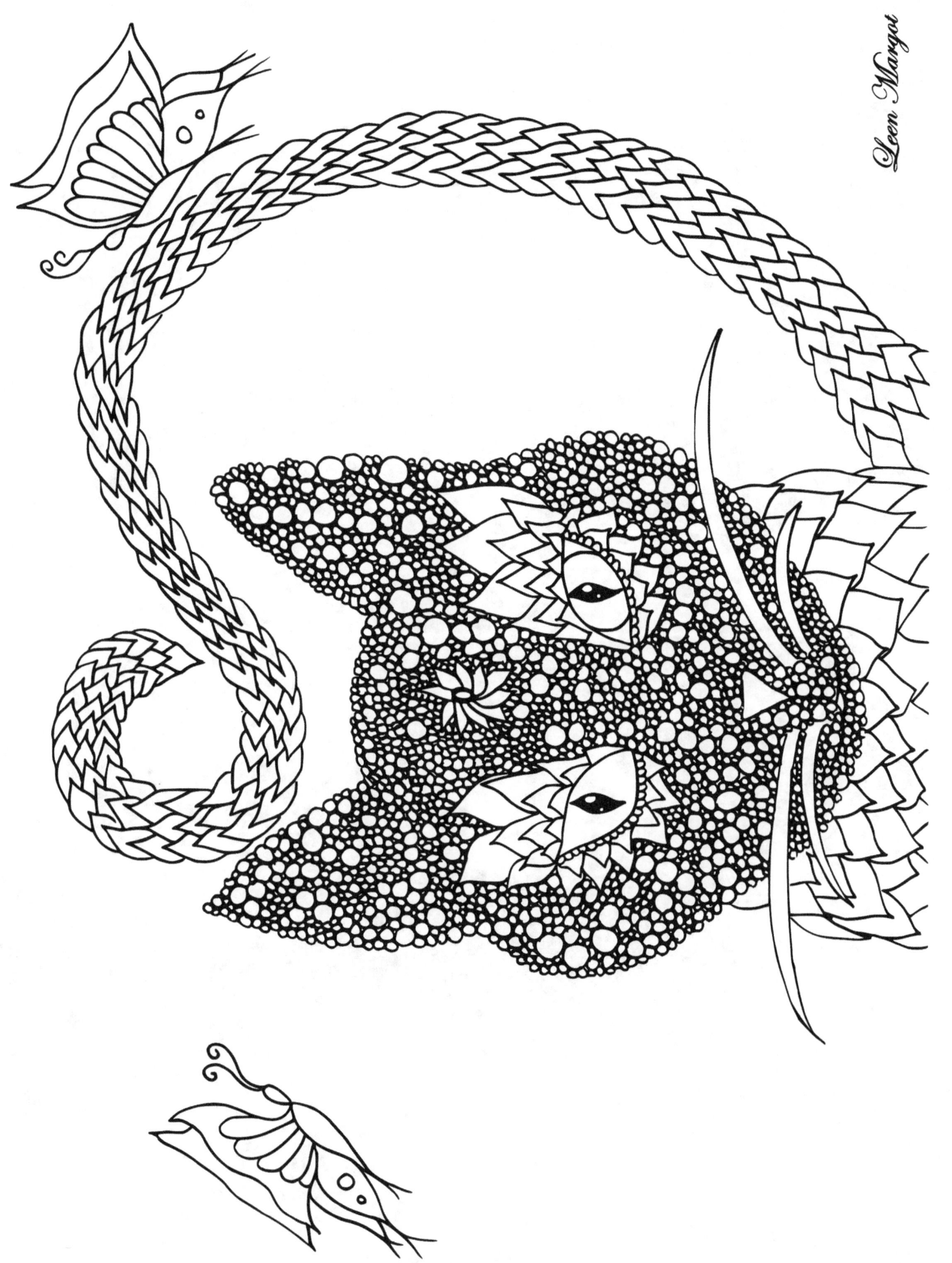

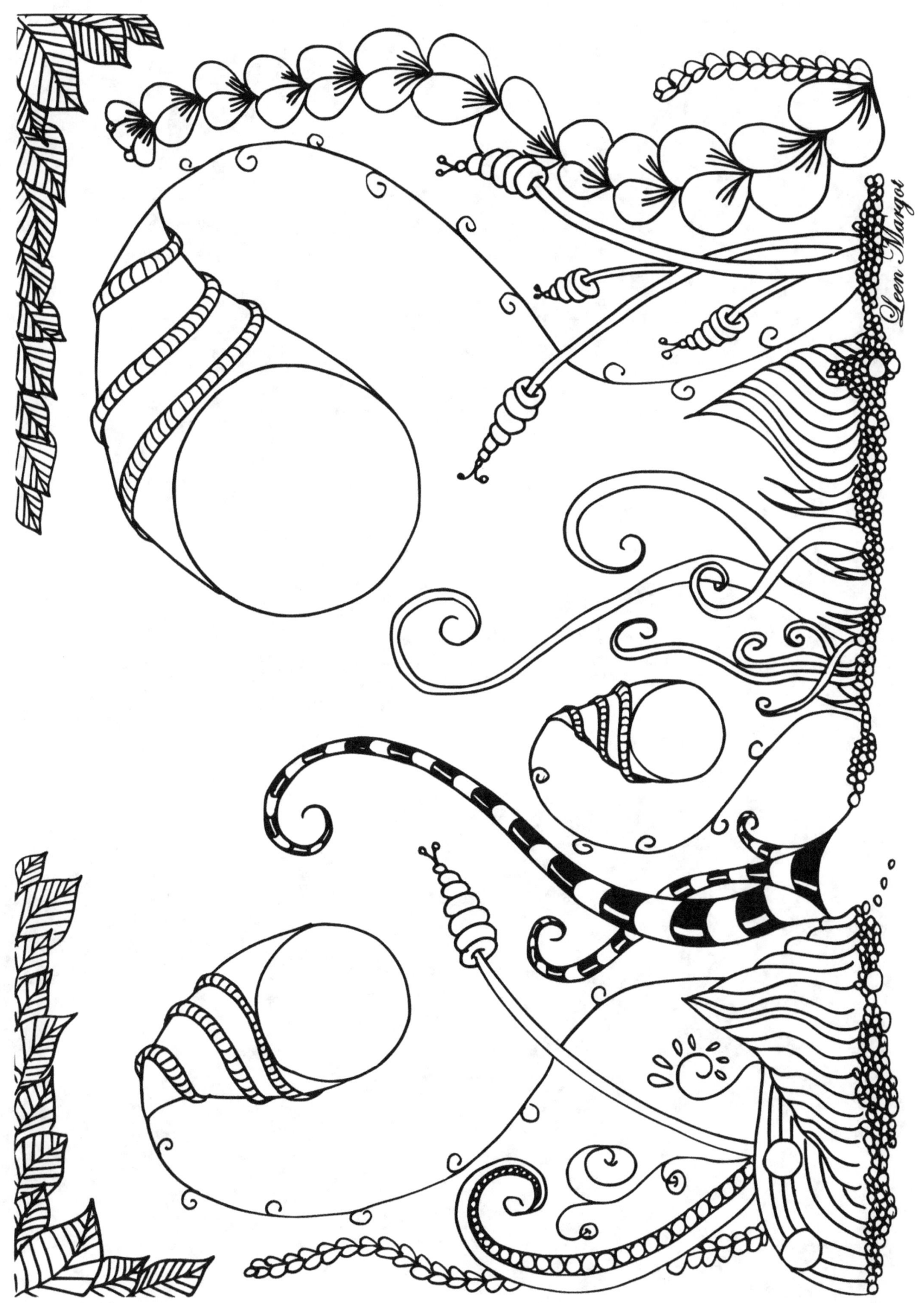

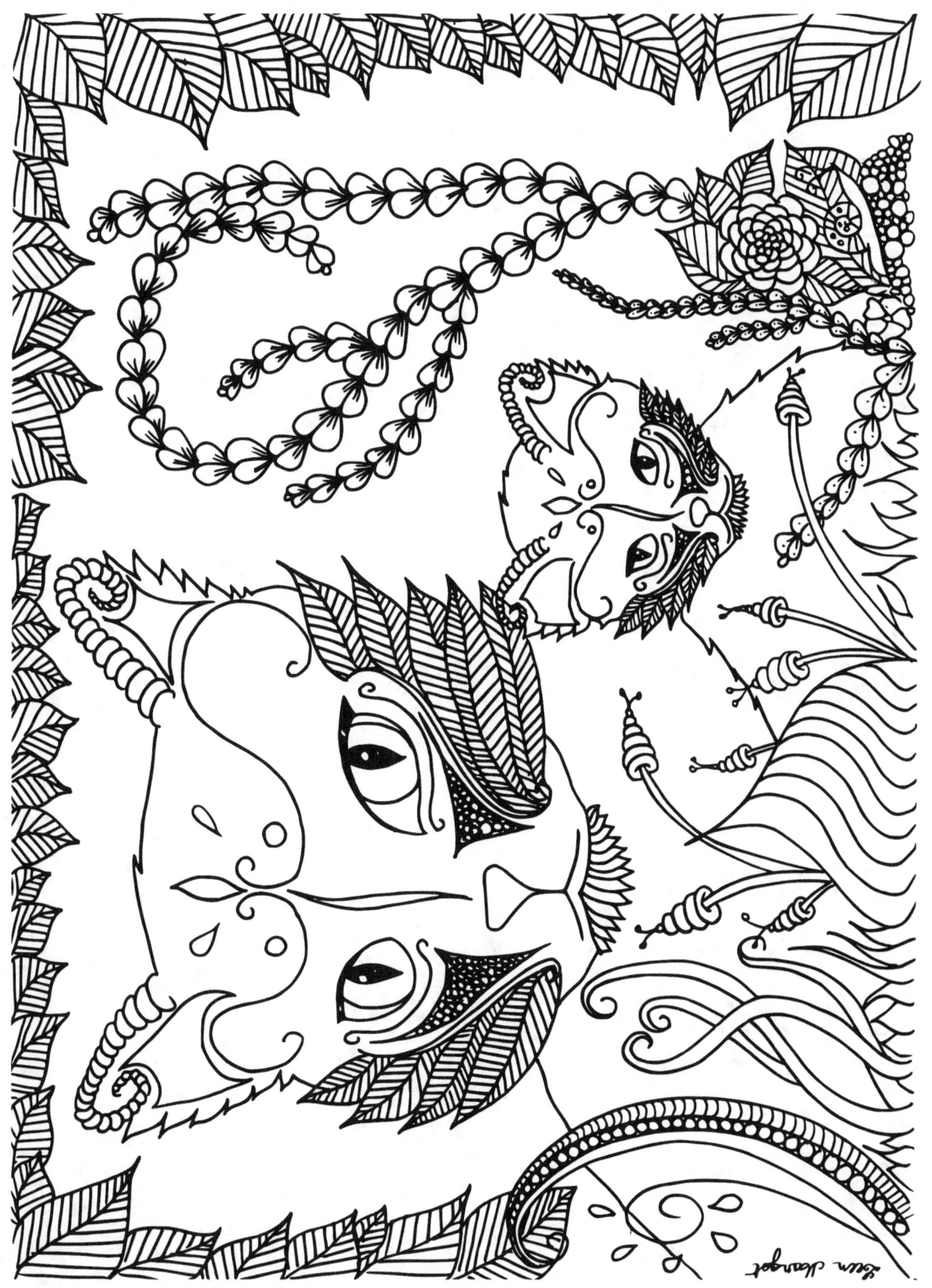

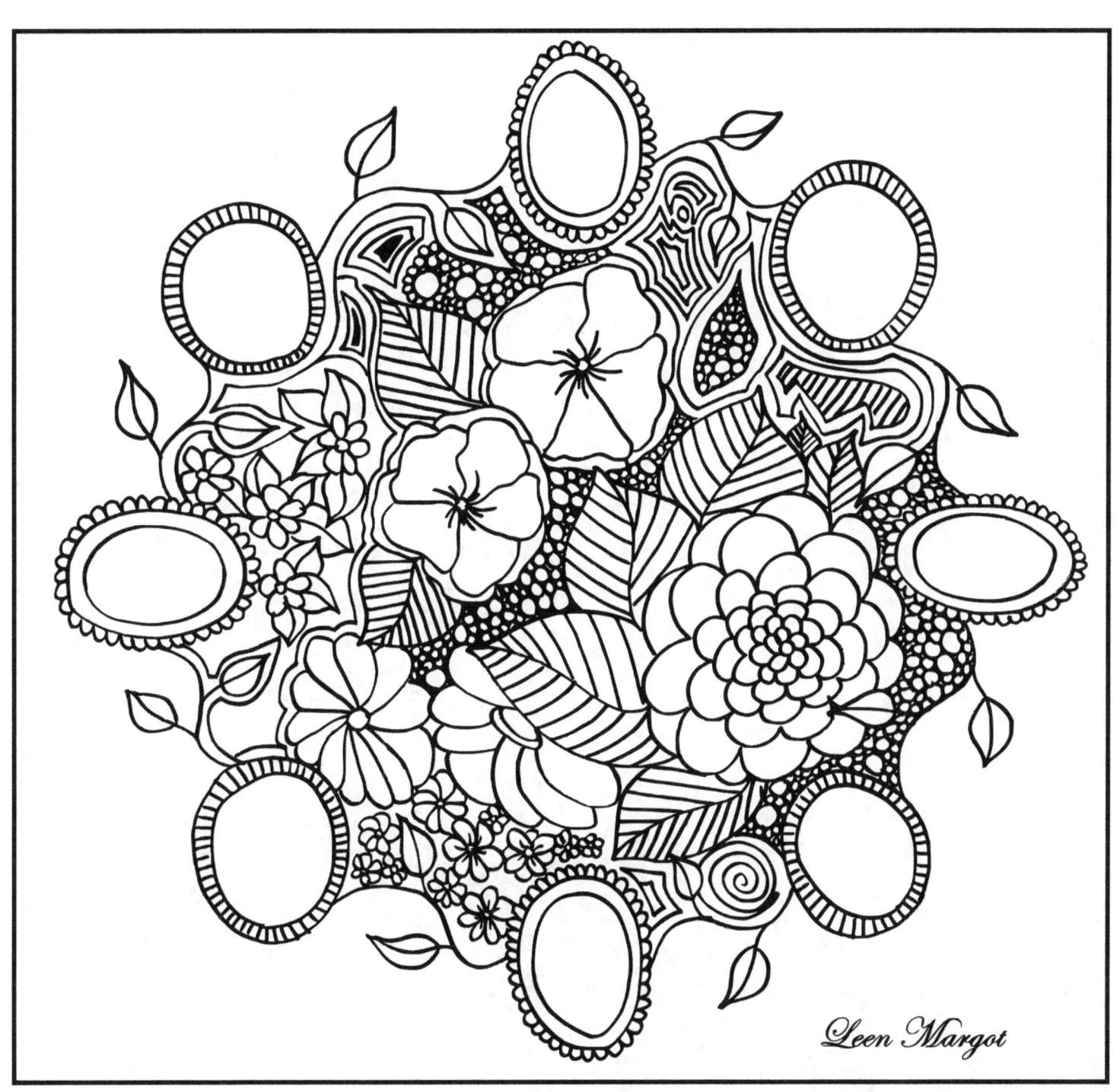

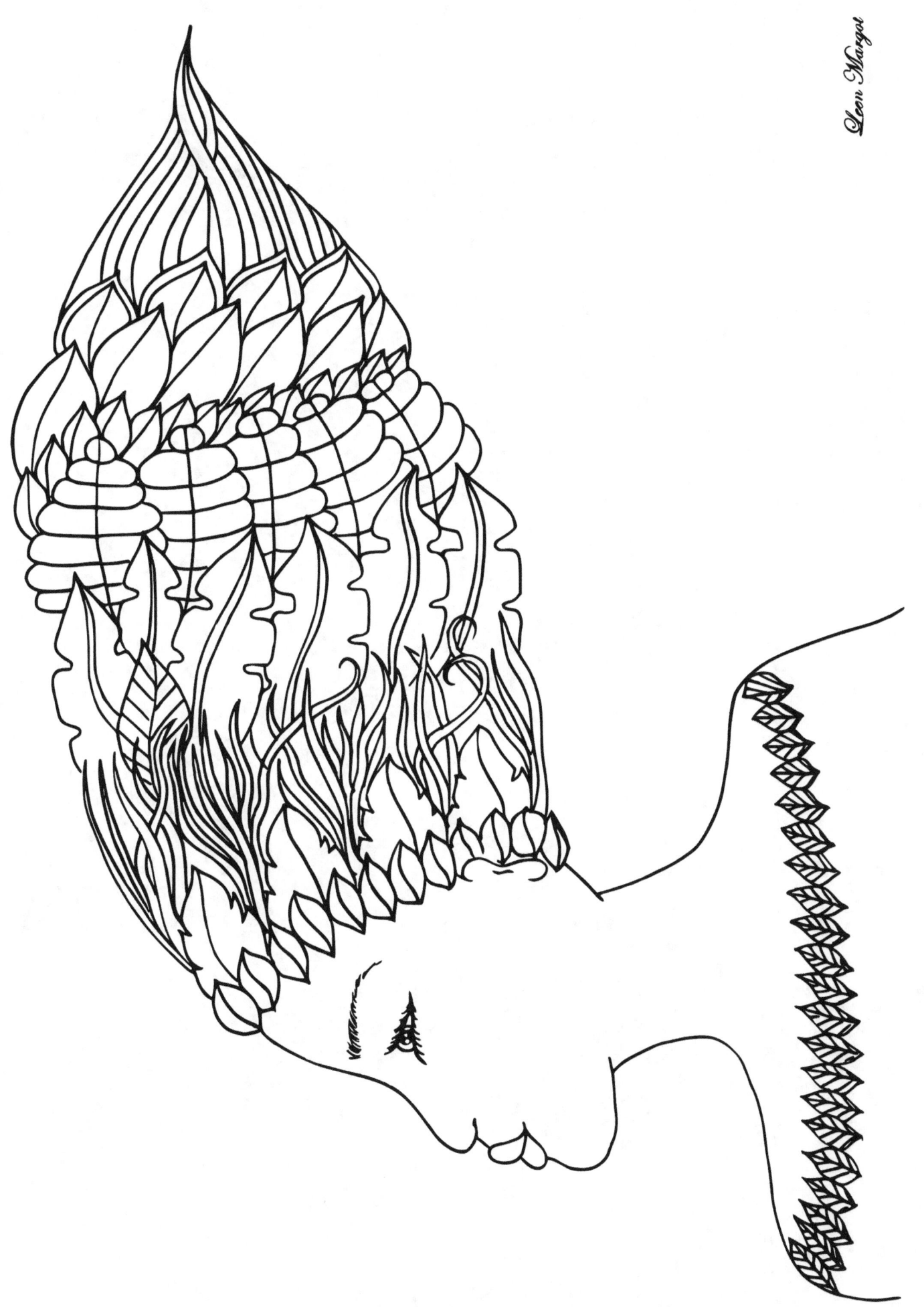

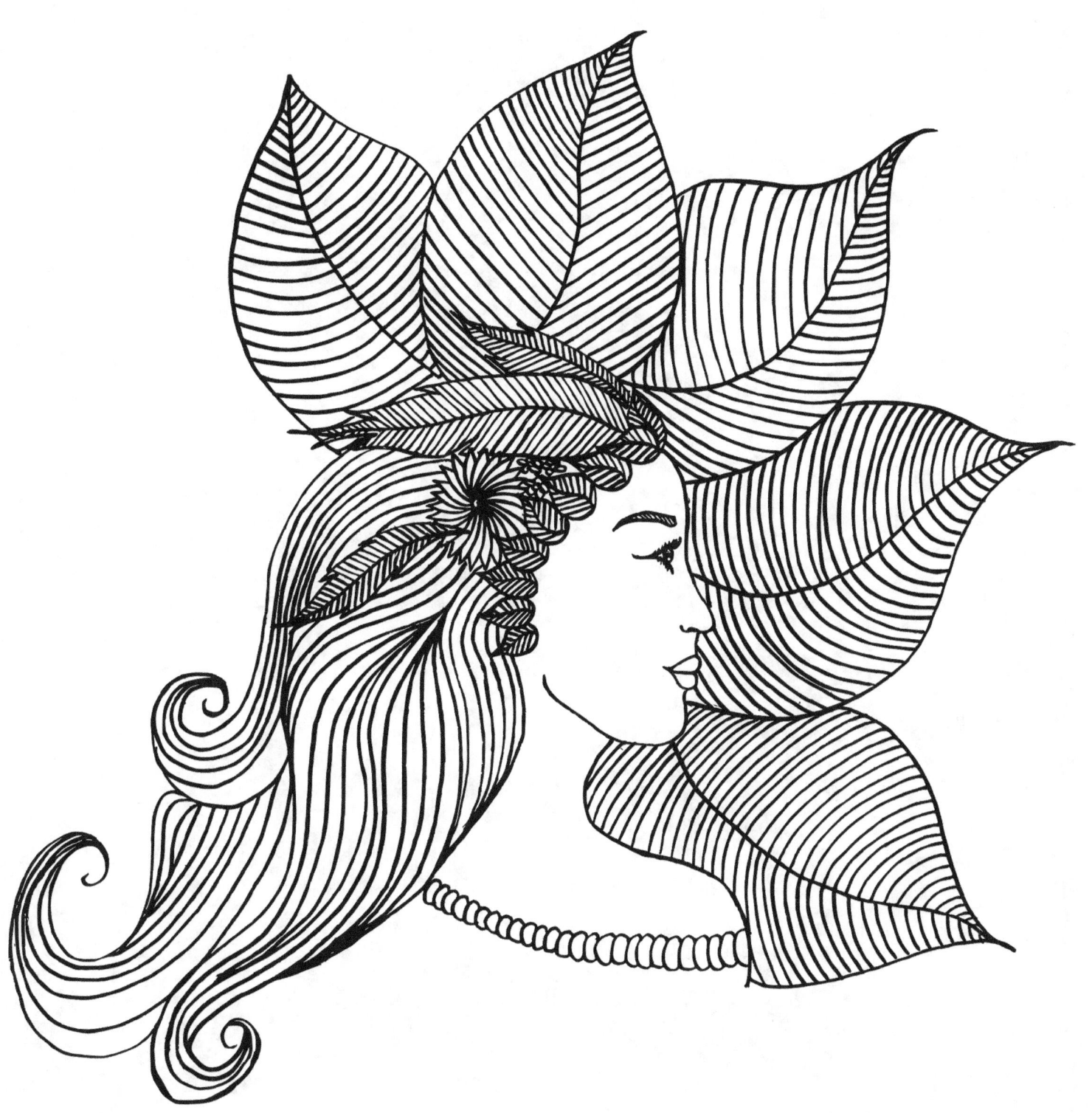

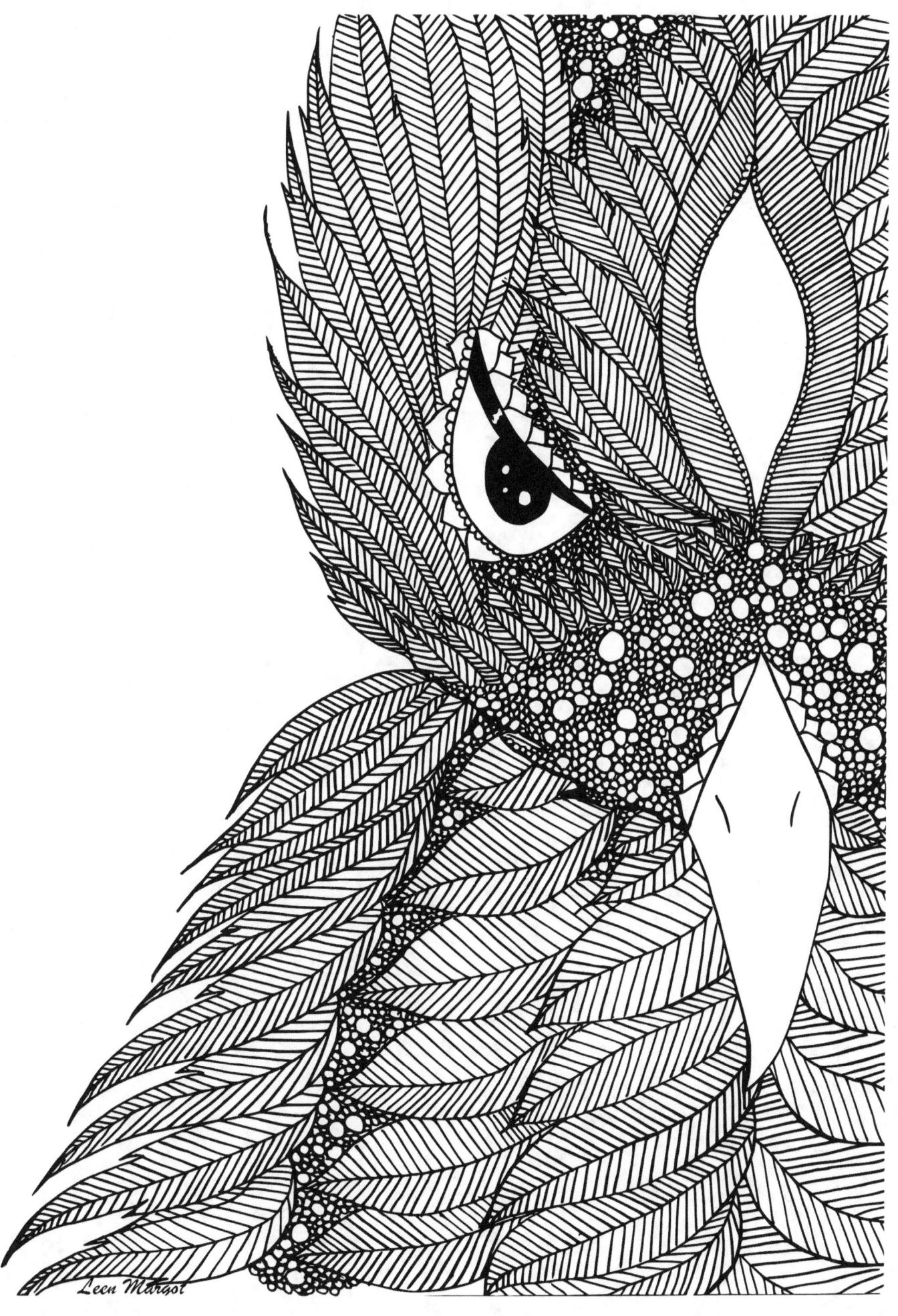

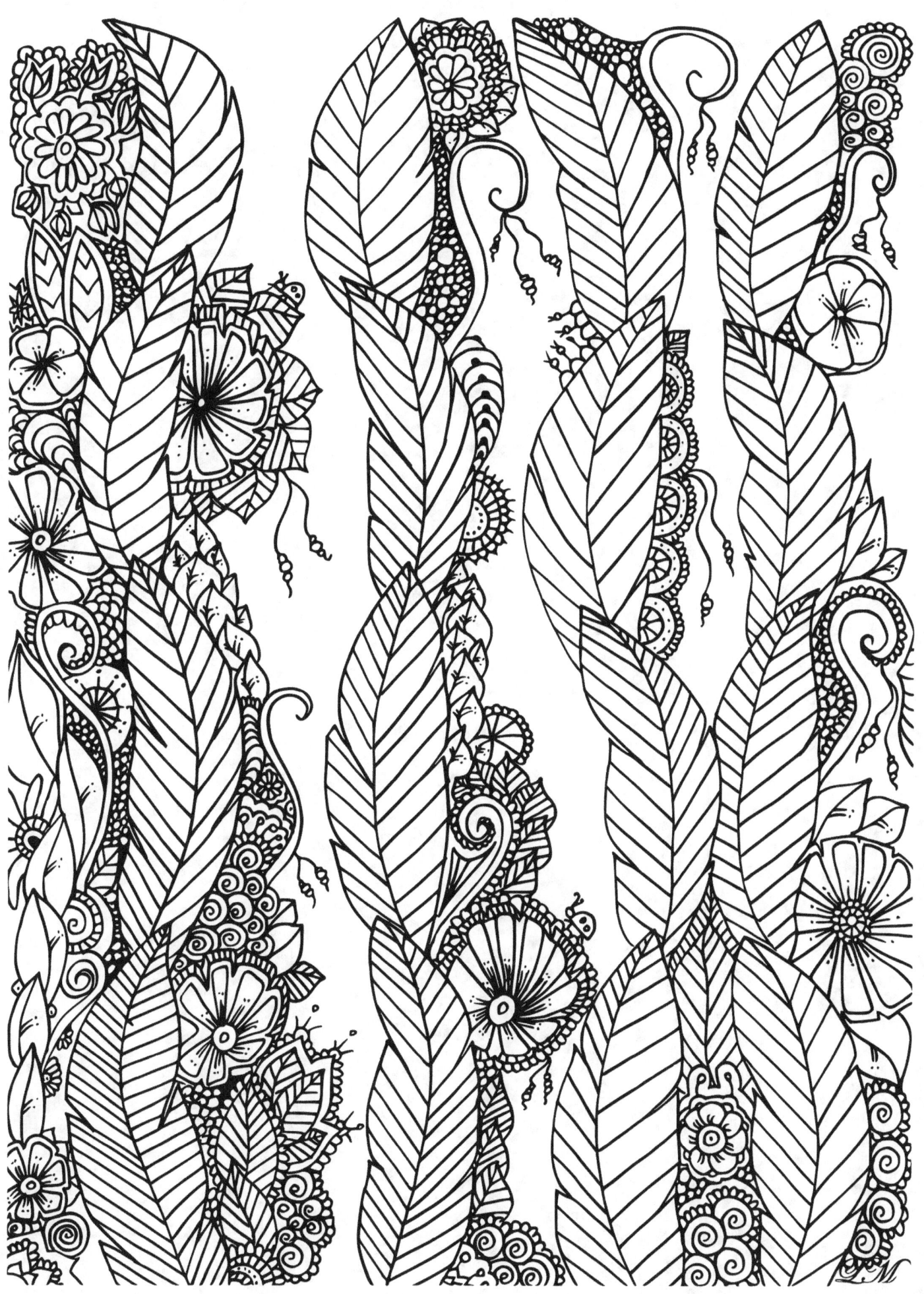

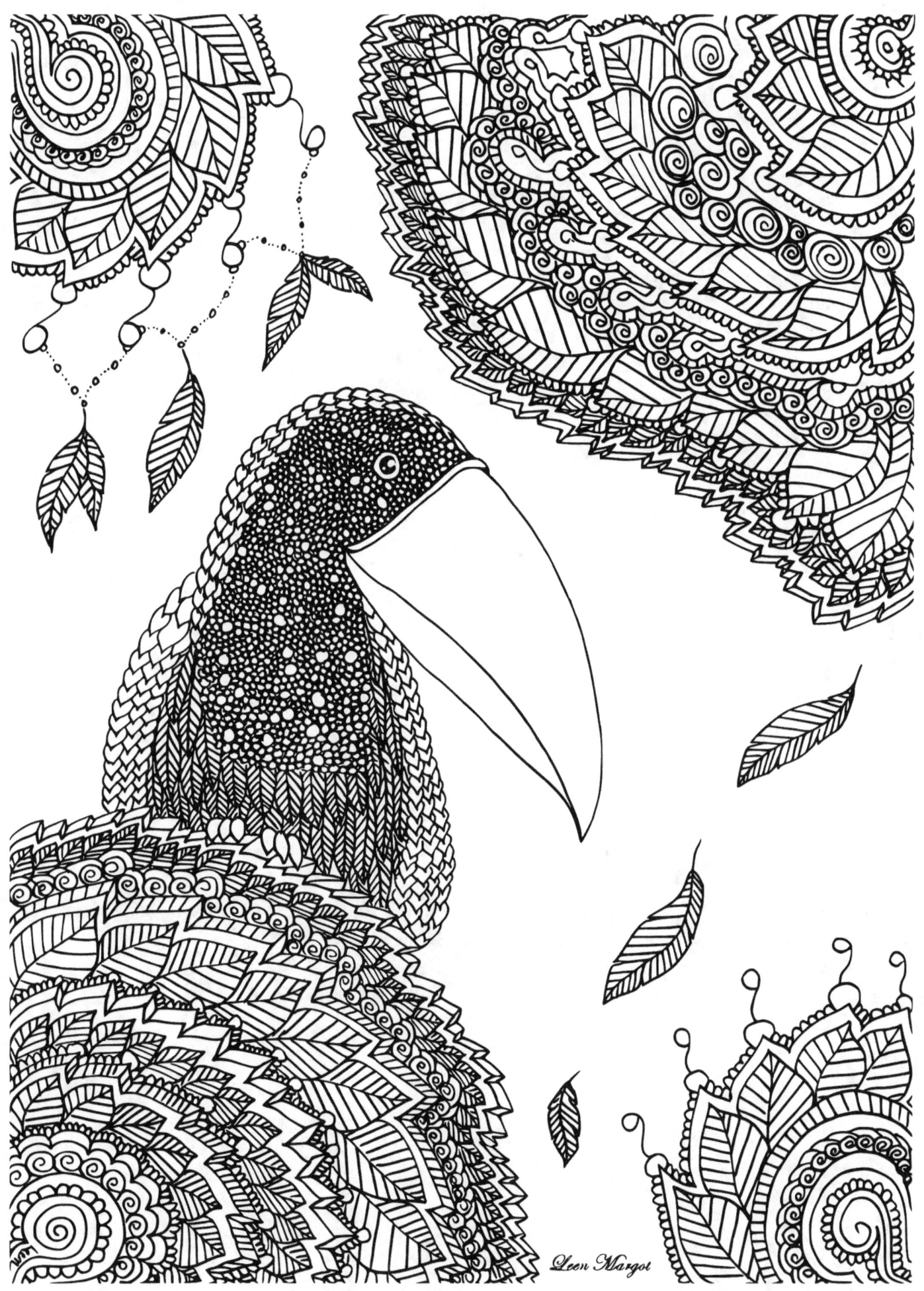

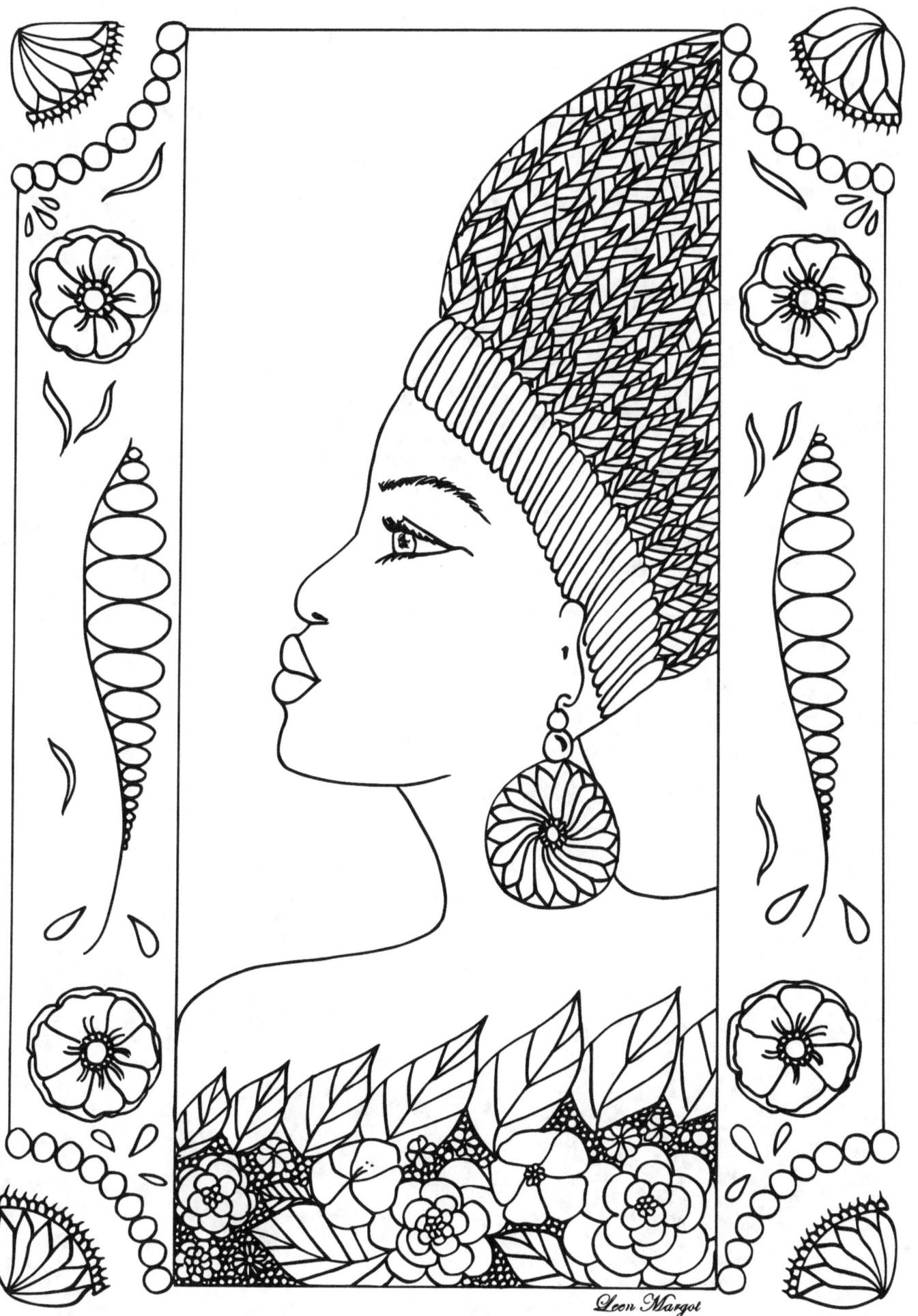

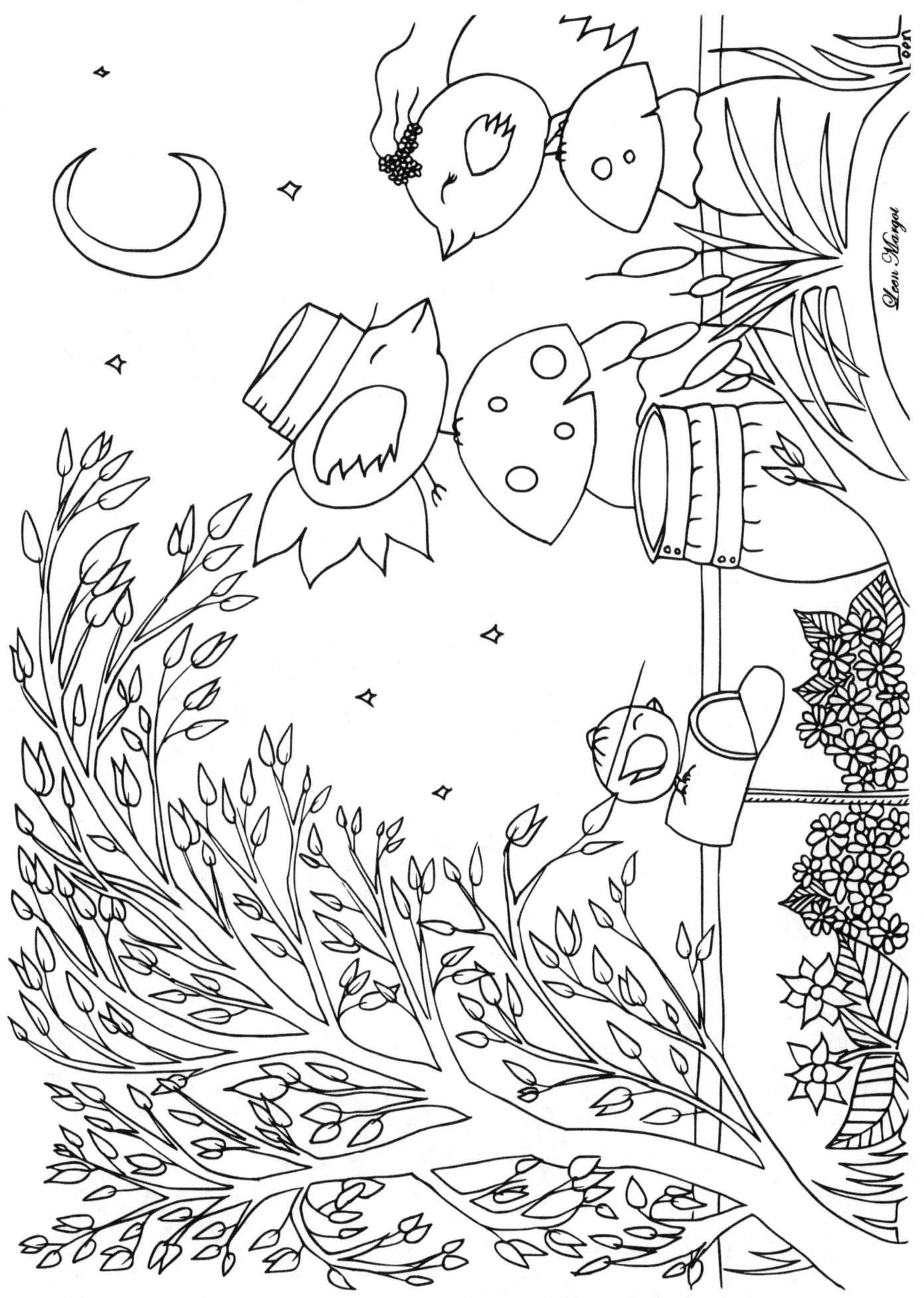

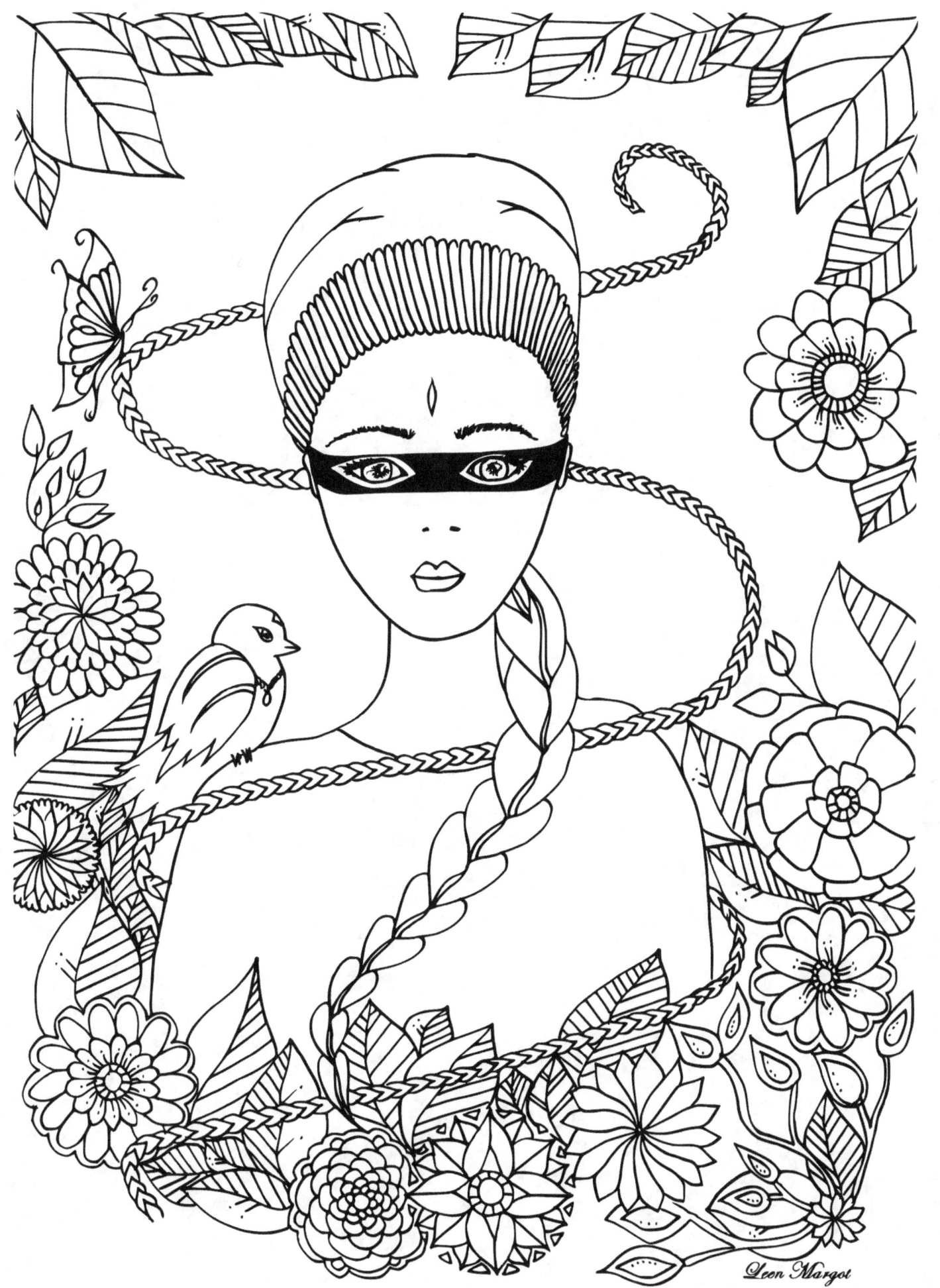

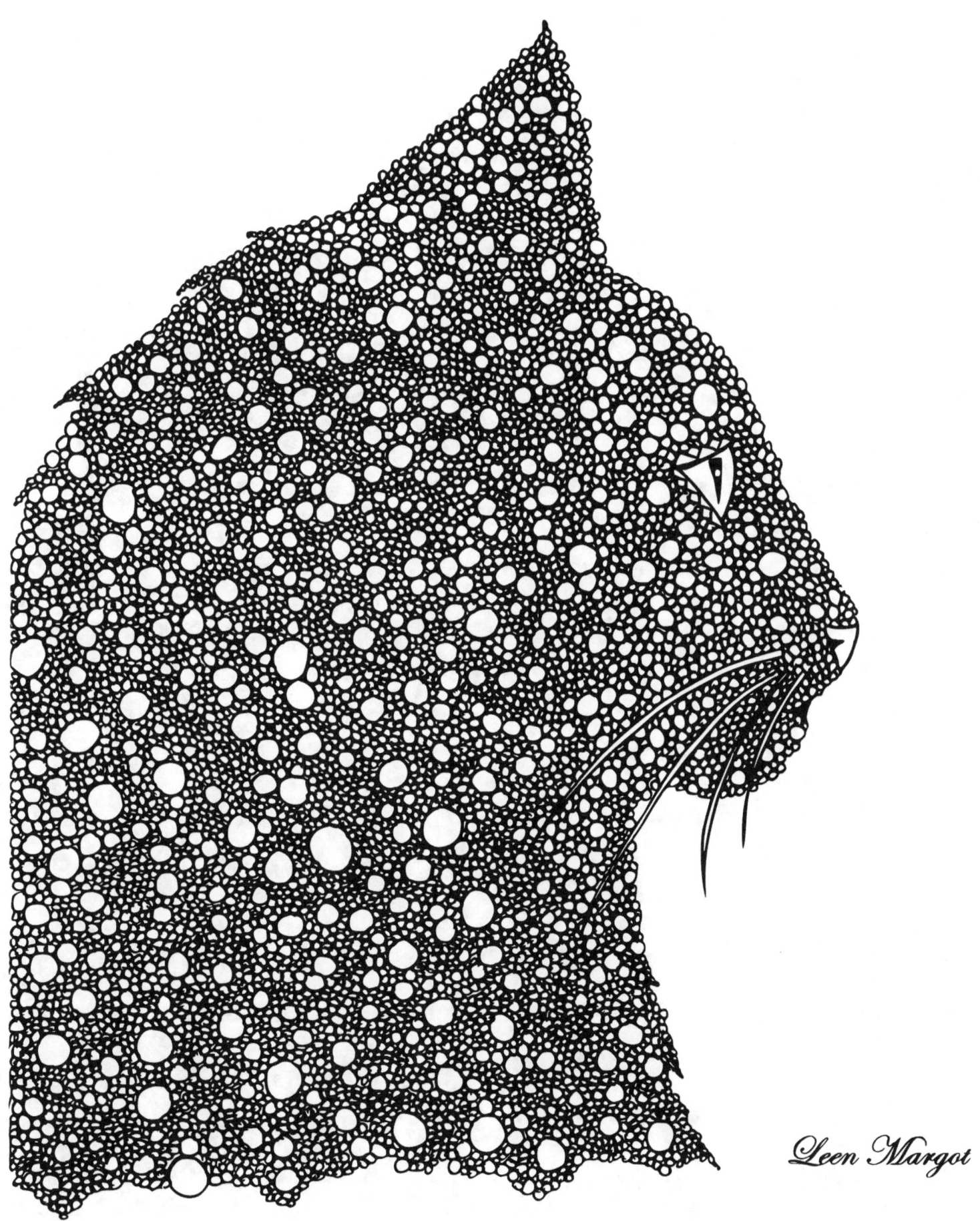

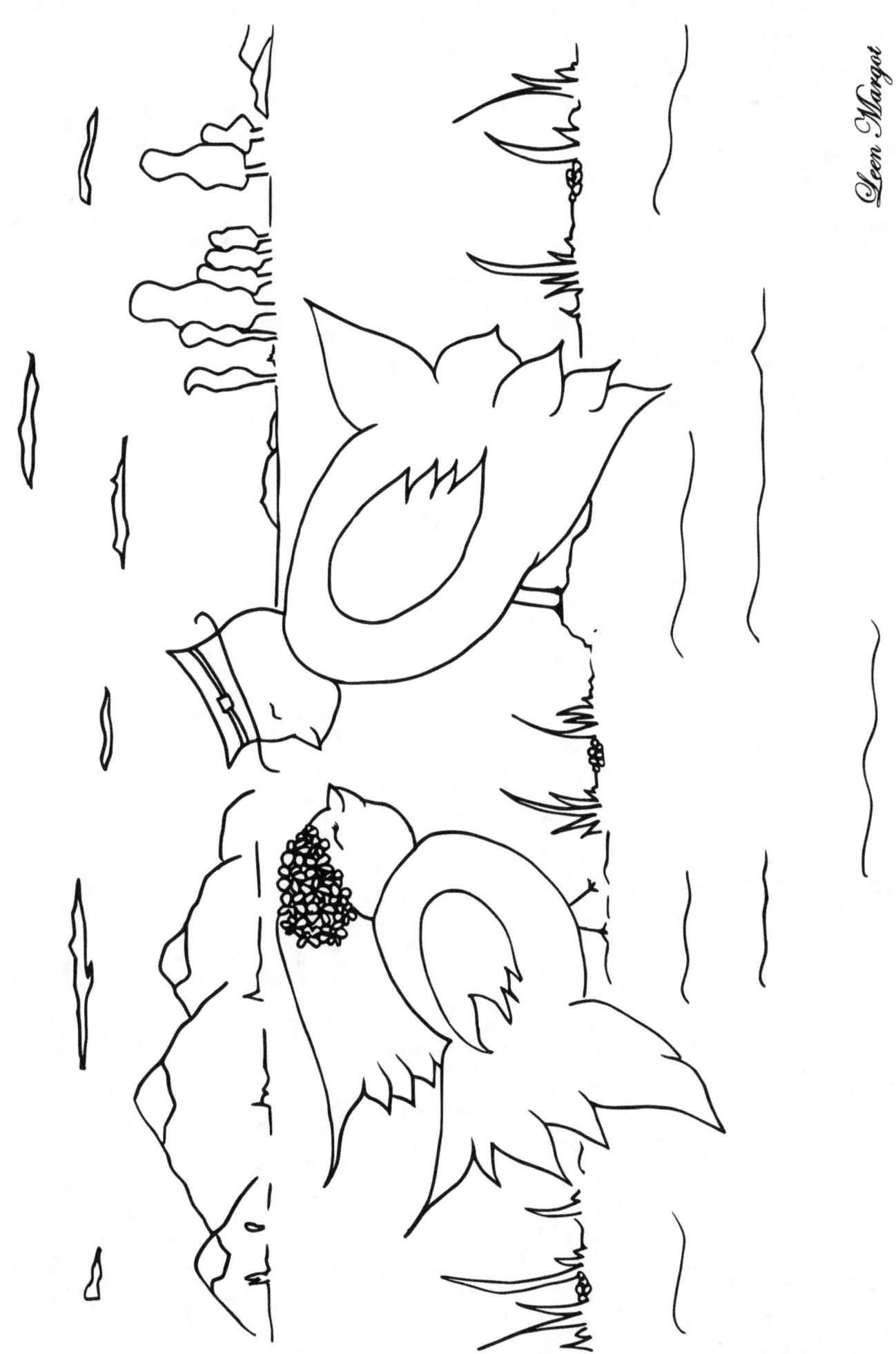

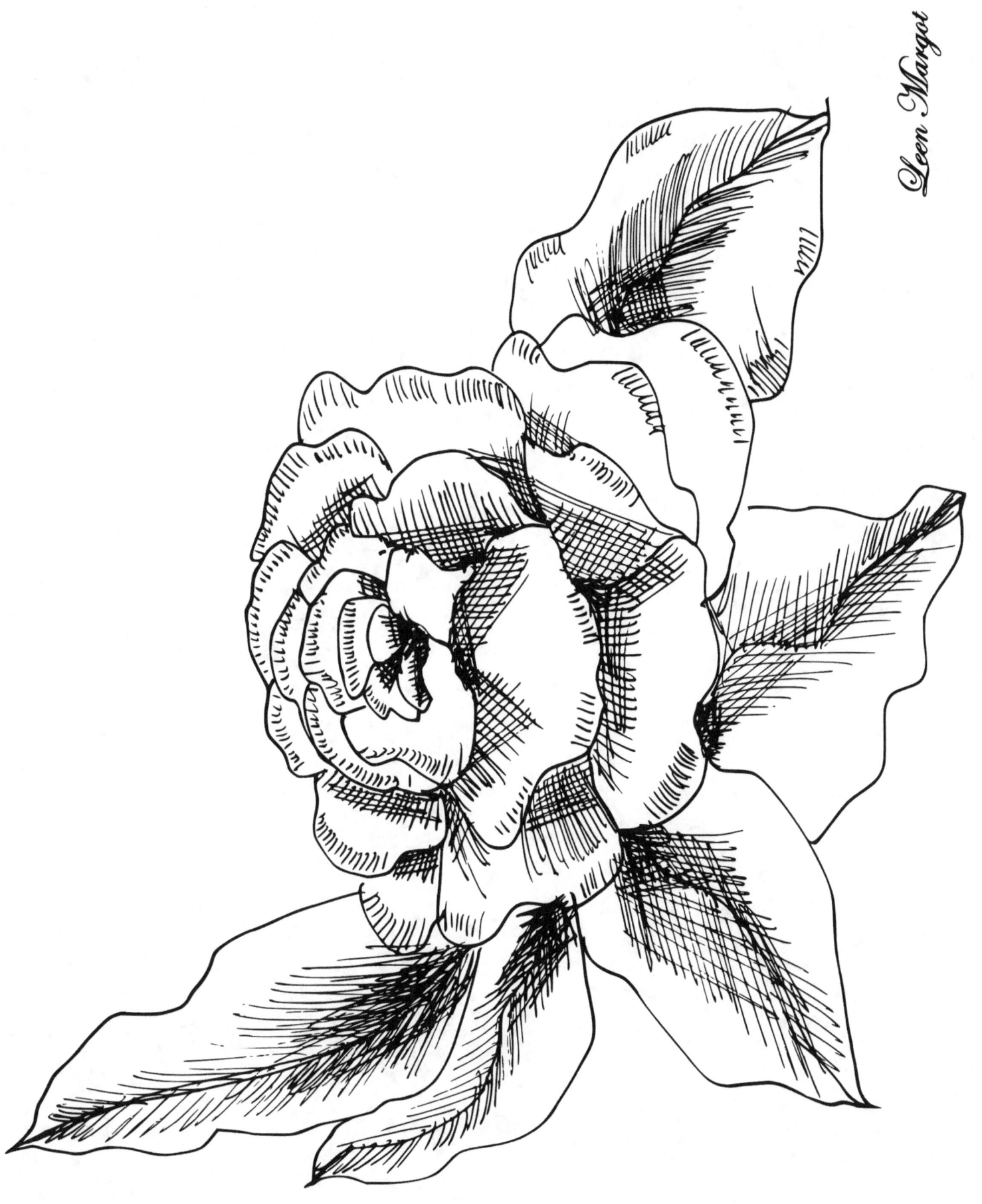

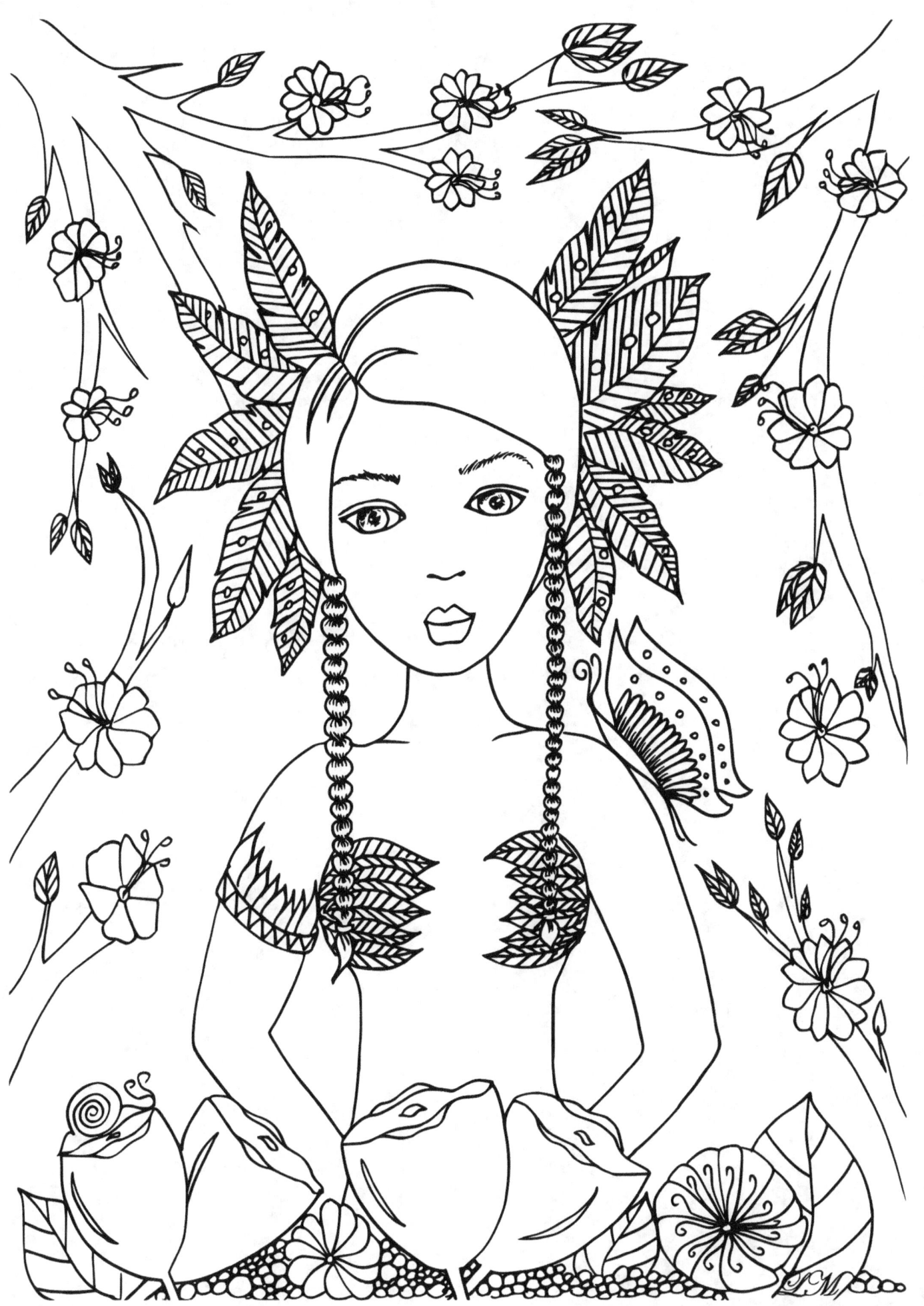

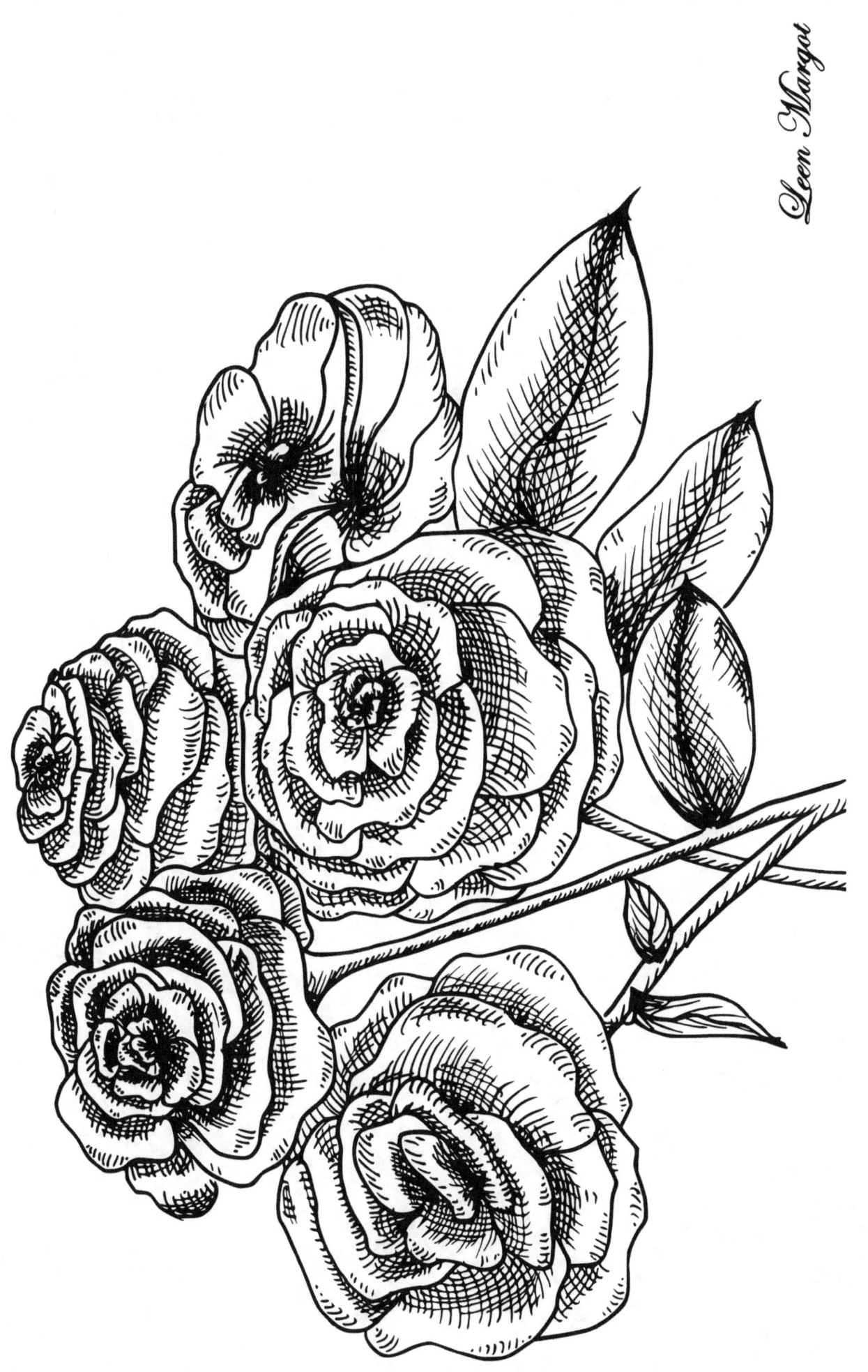

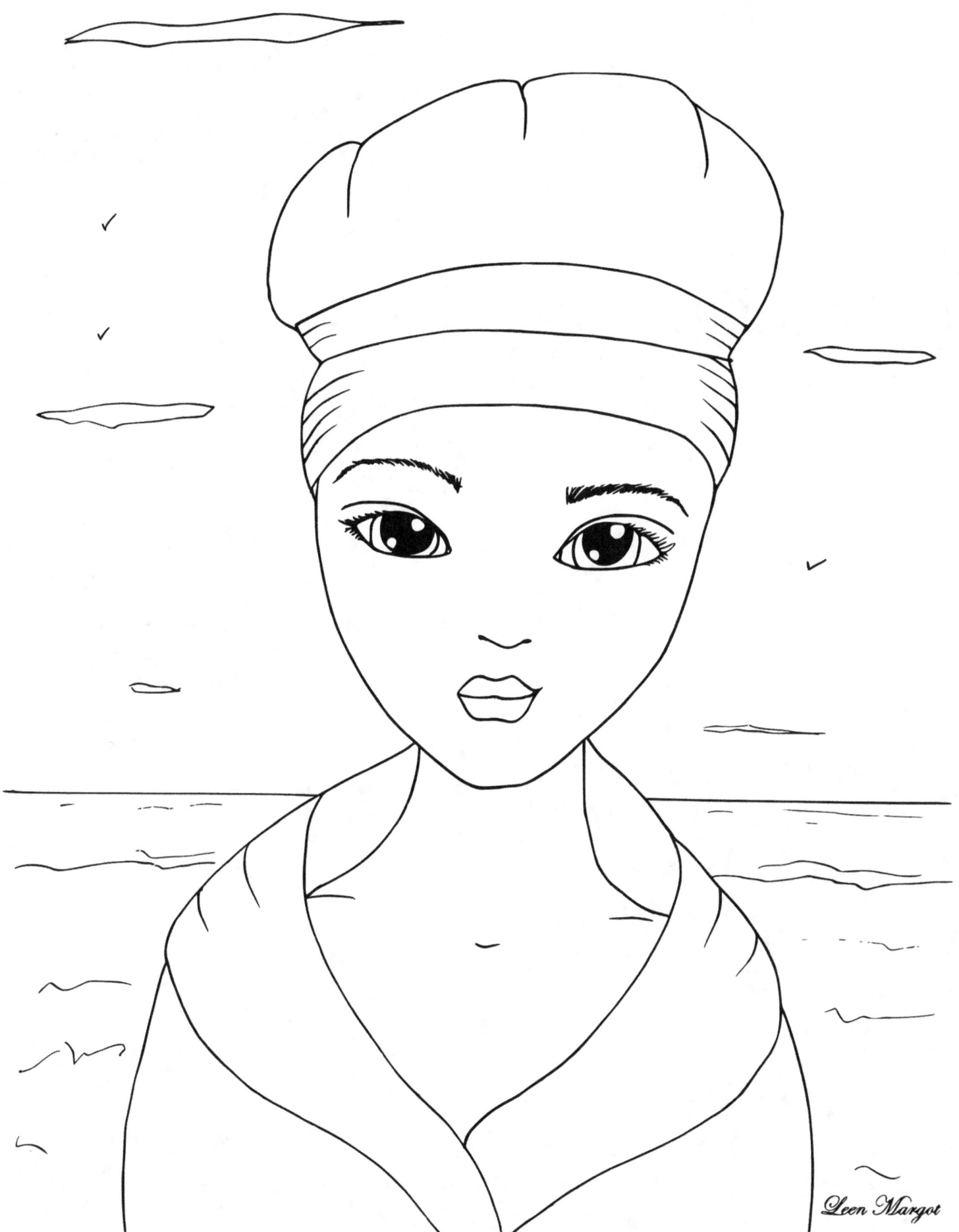

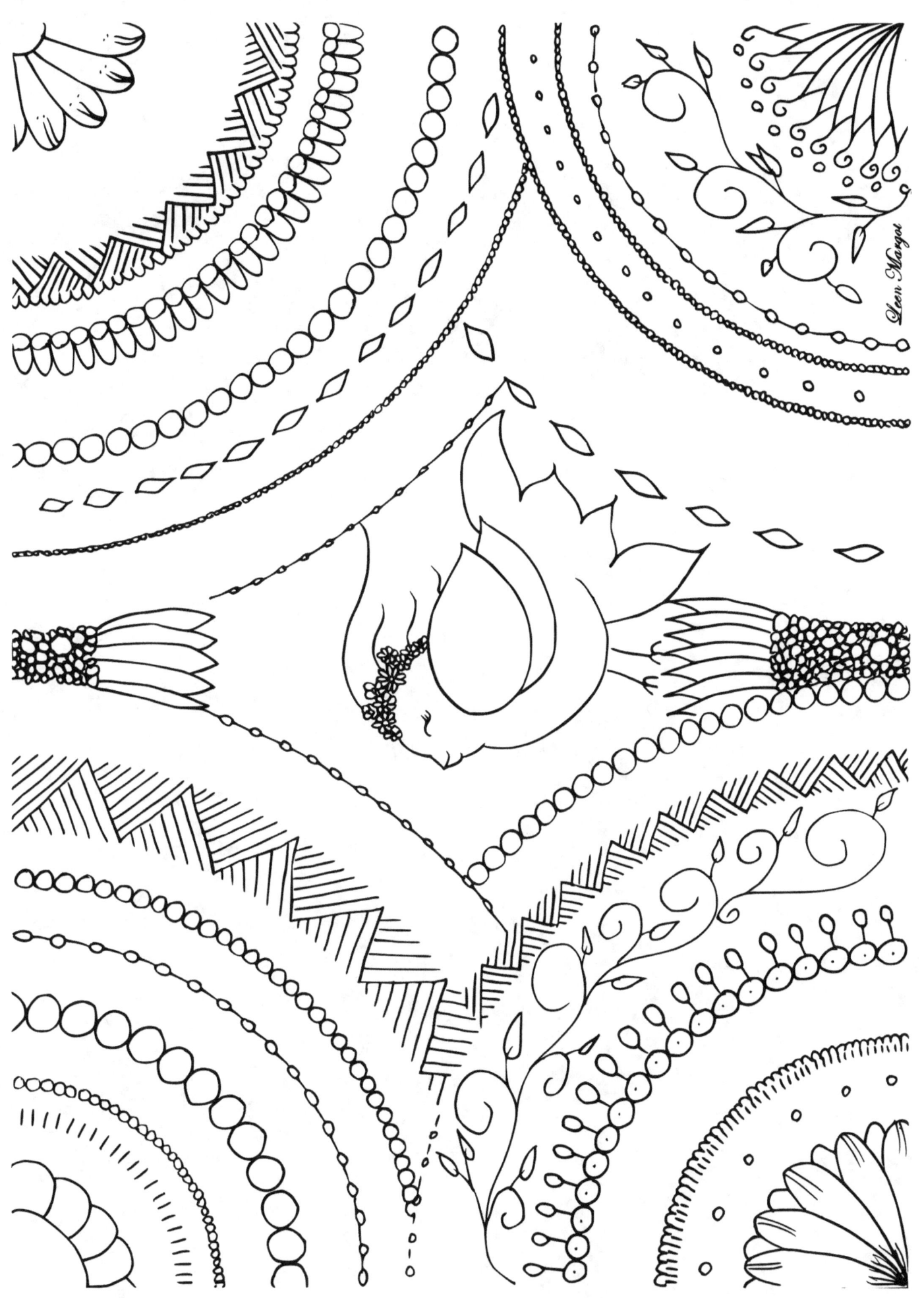

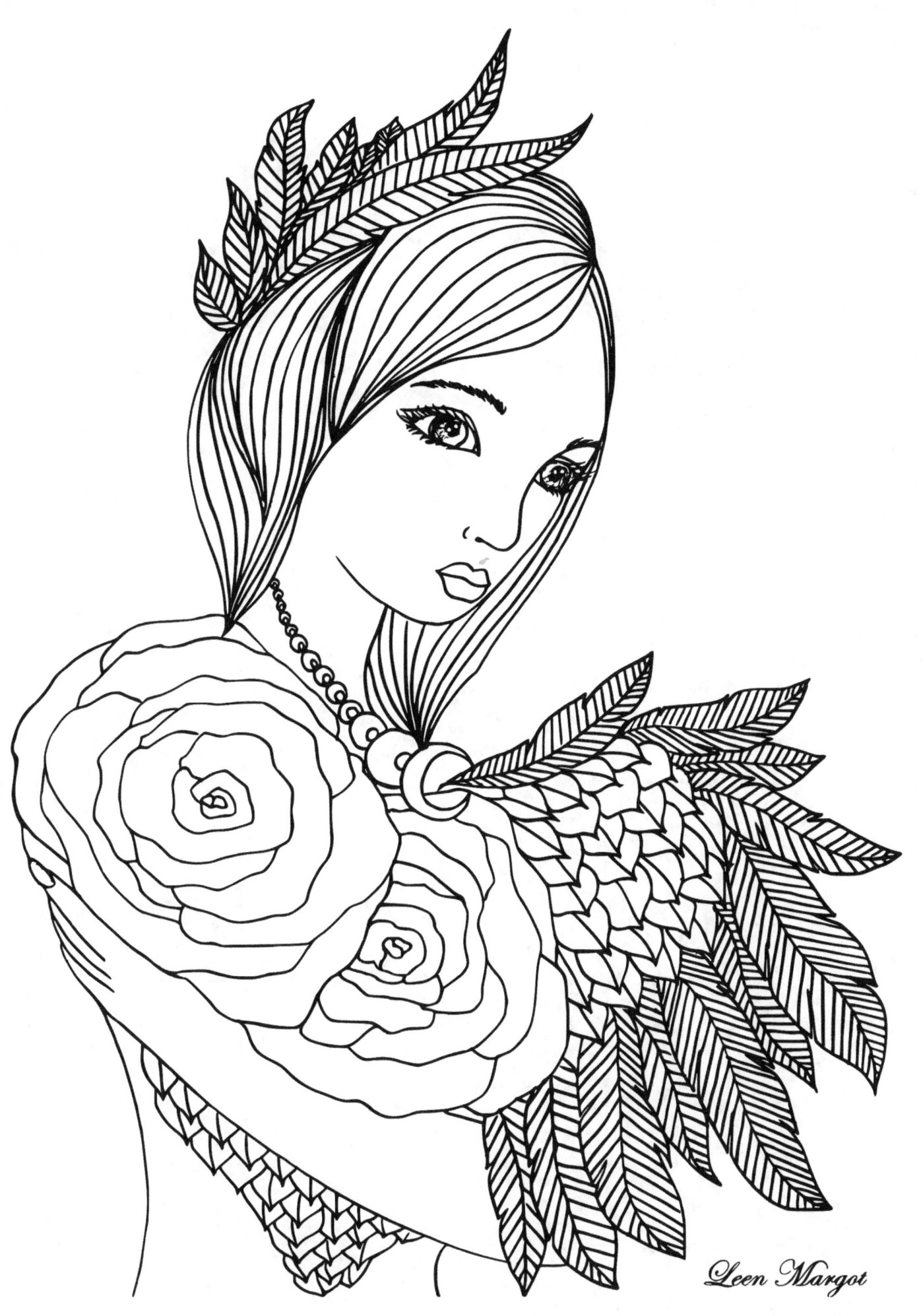

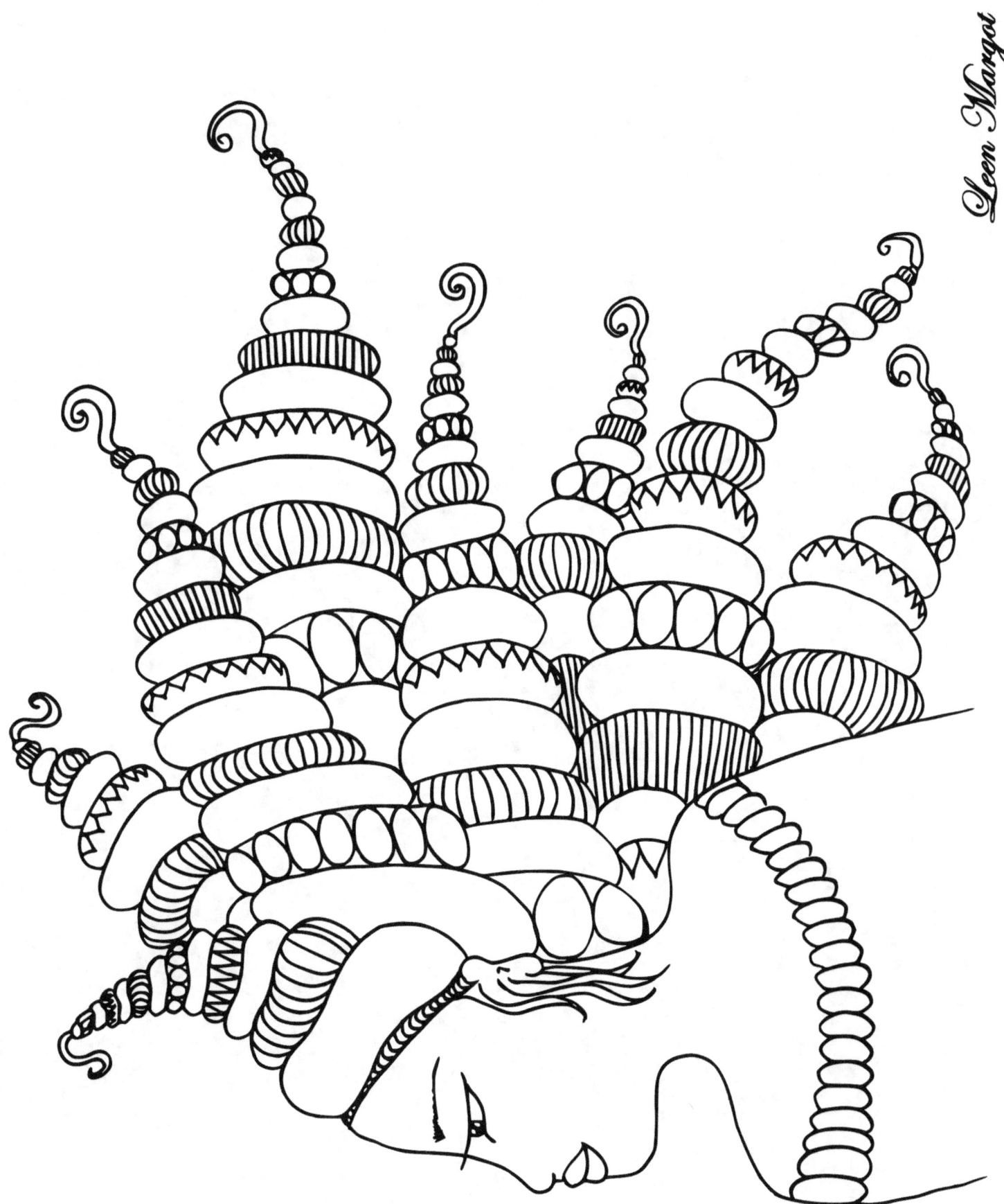

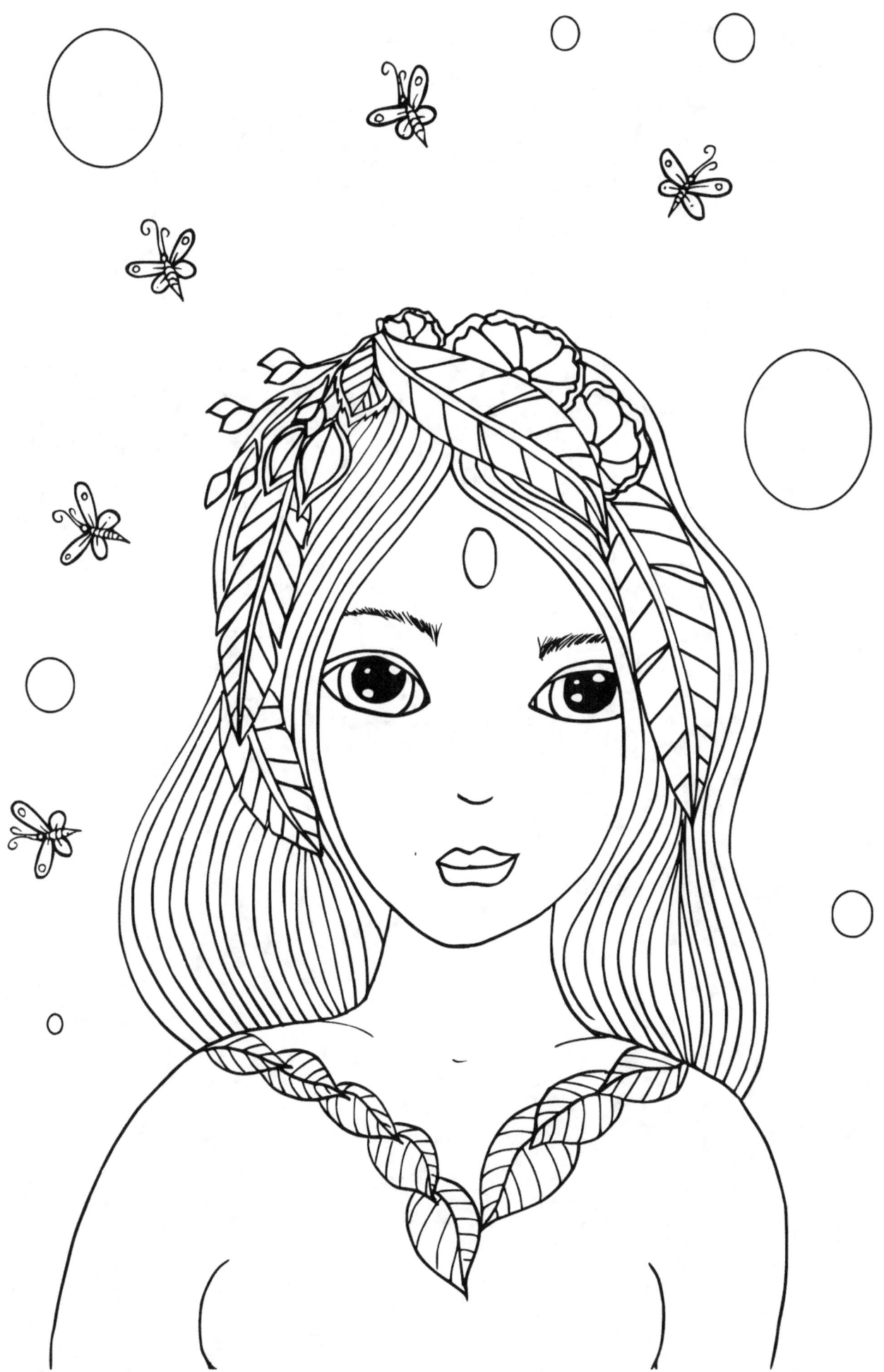

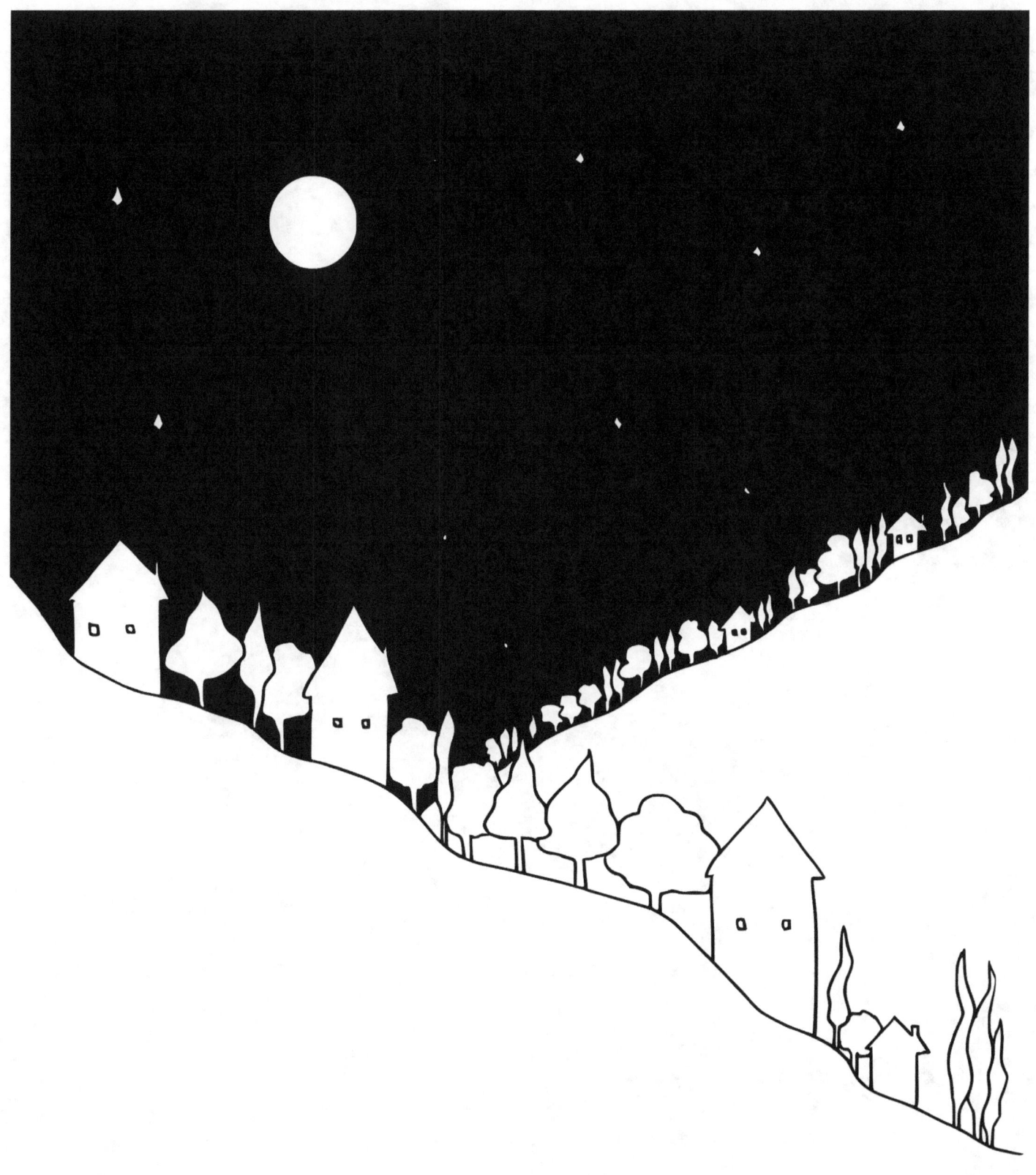

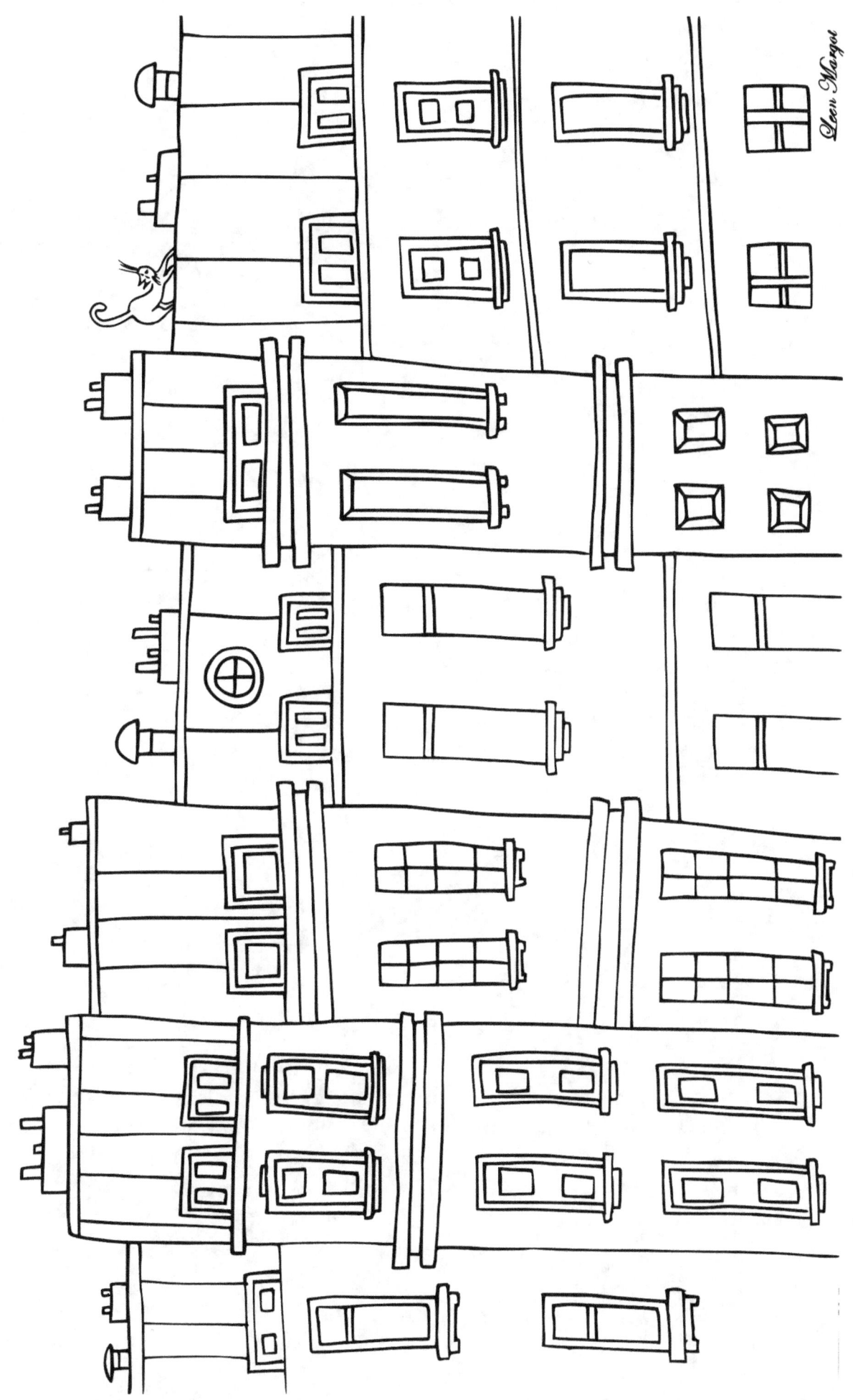

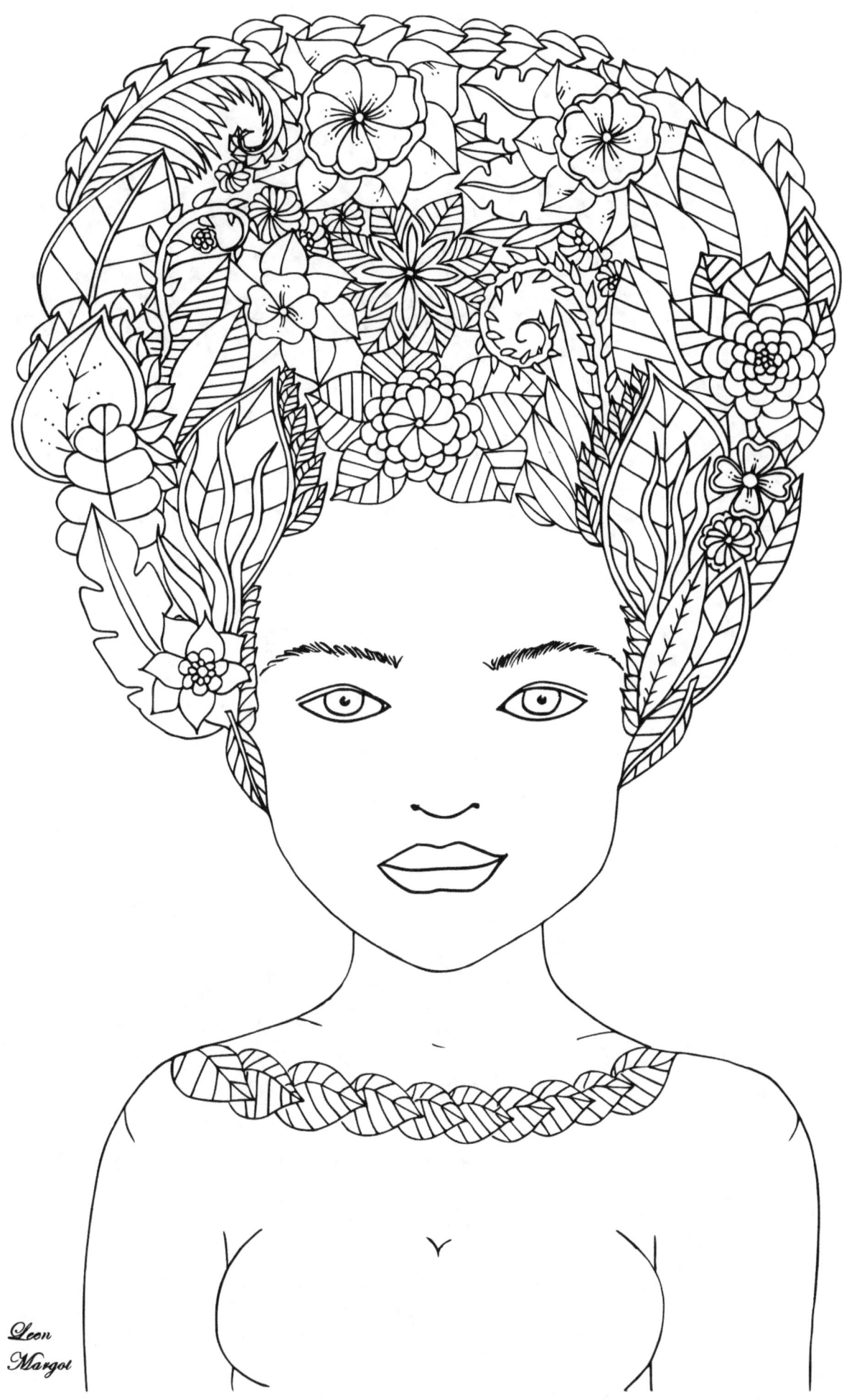

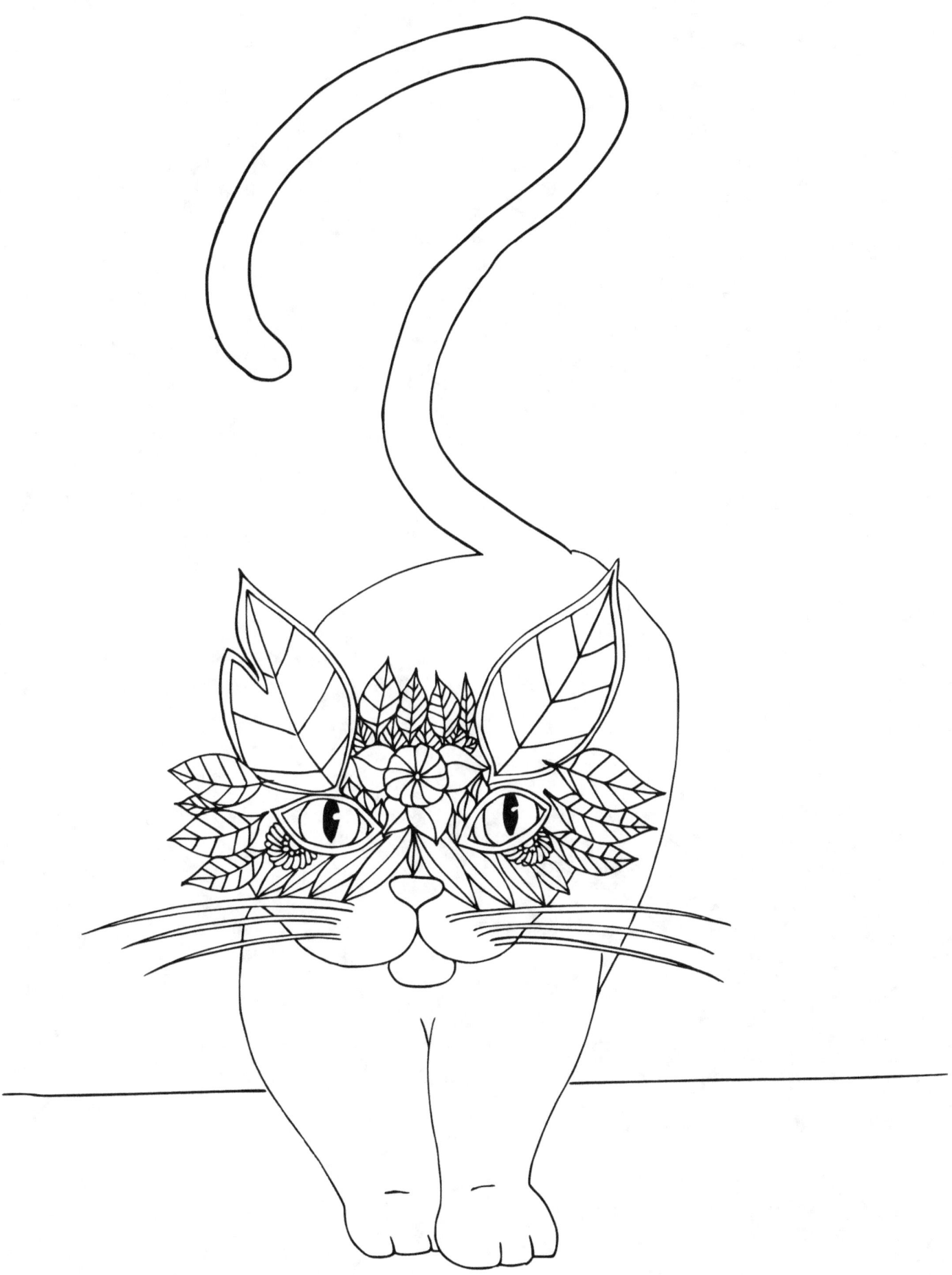

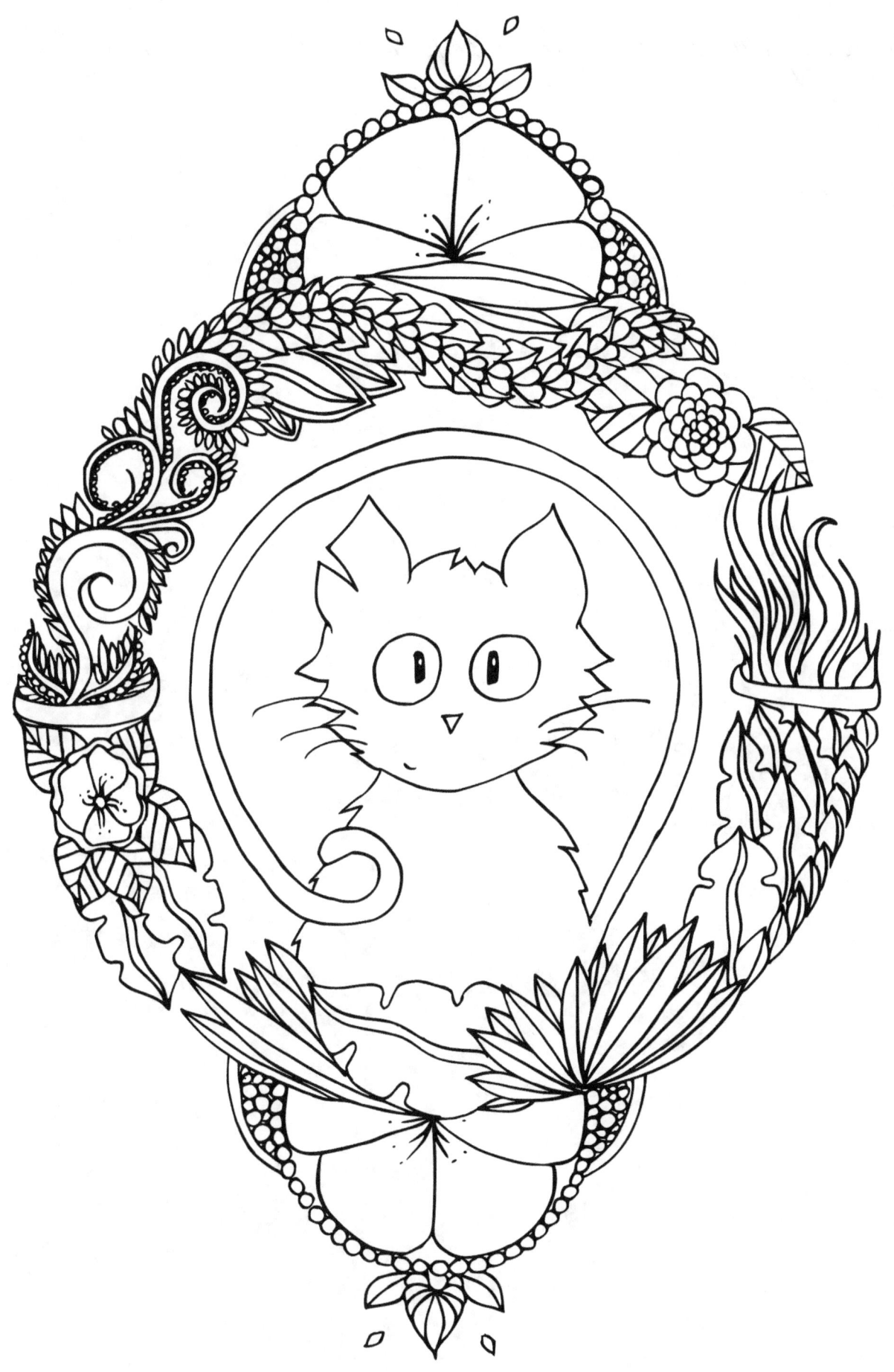

Un bonus pour vous : 4 marque-pages à colorier, découper et plastifier.

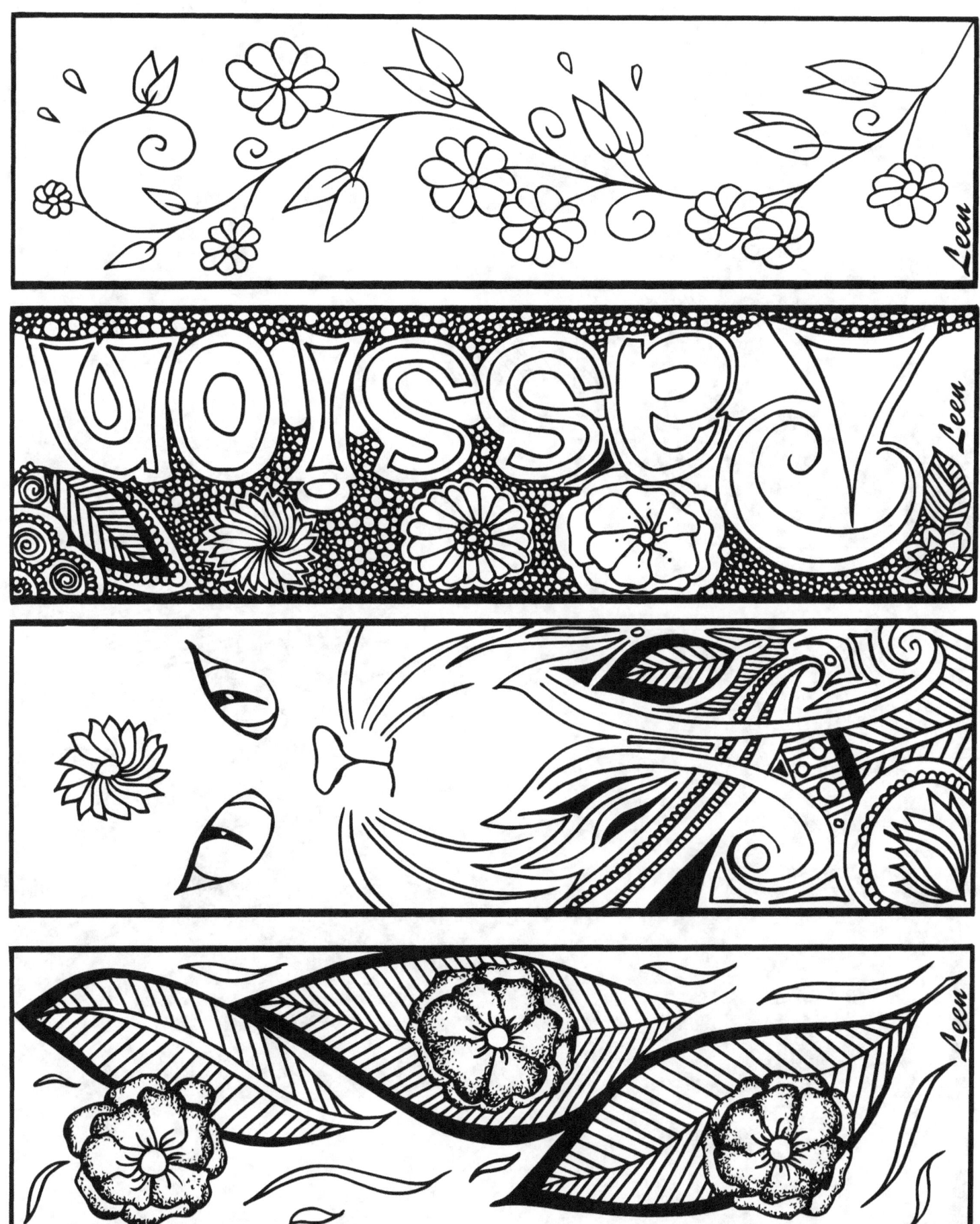

Découvrez ici les dessins du livre " Harmonie " de Leen Margot.

Sérénité est disponible dans la boutique " Les coloriages de Leen " sur le site A little market.

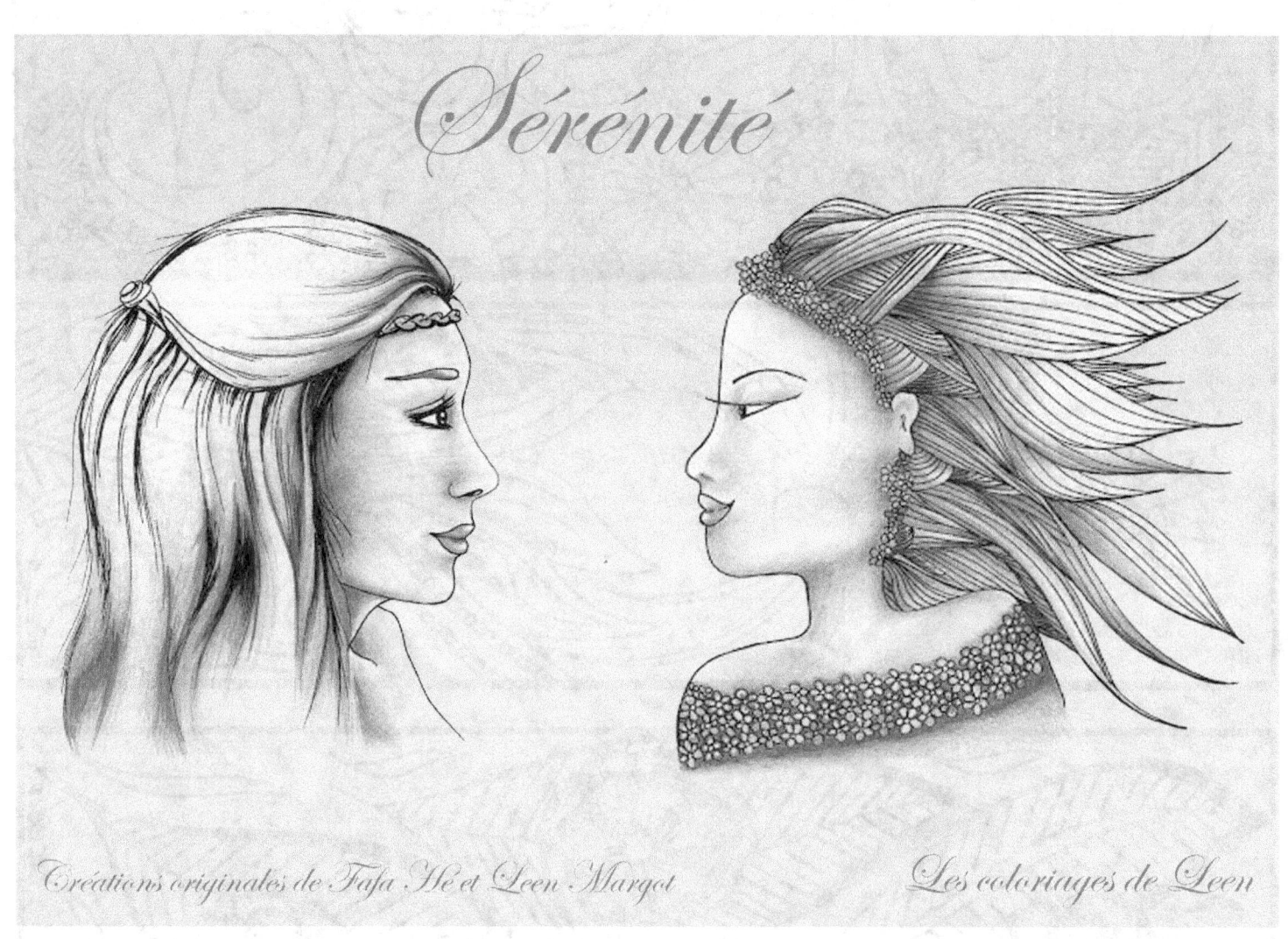

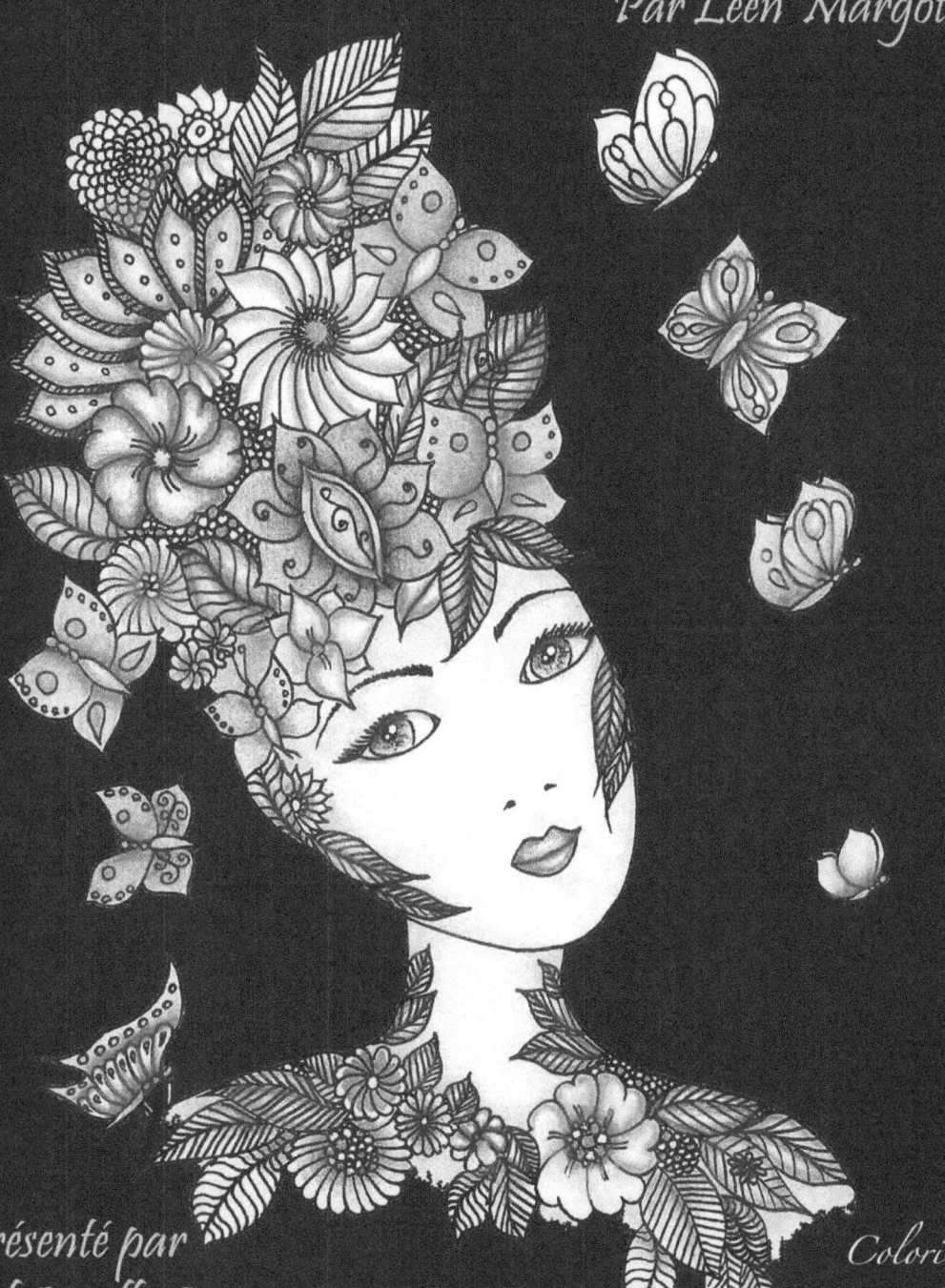

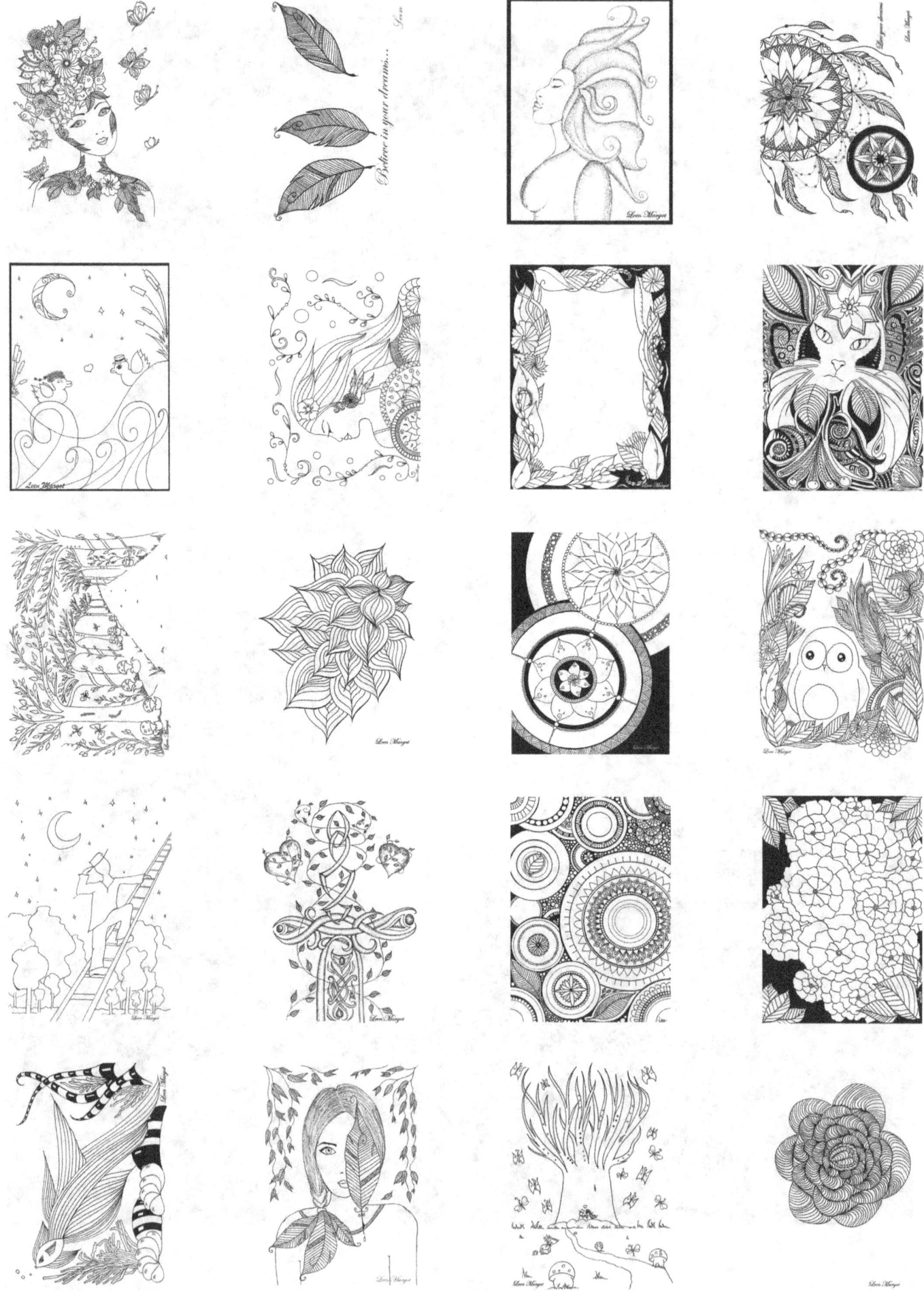

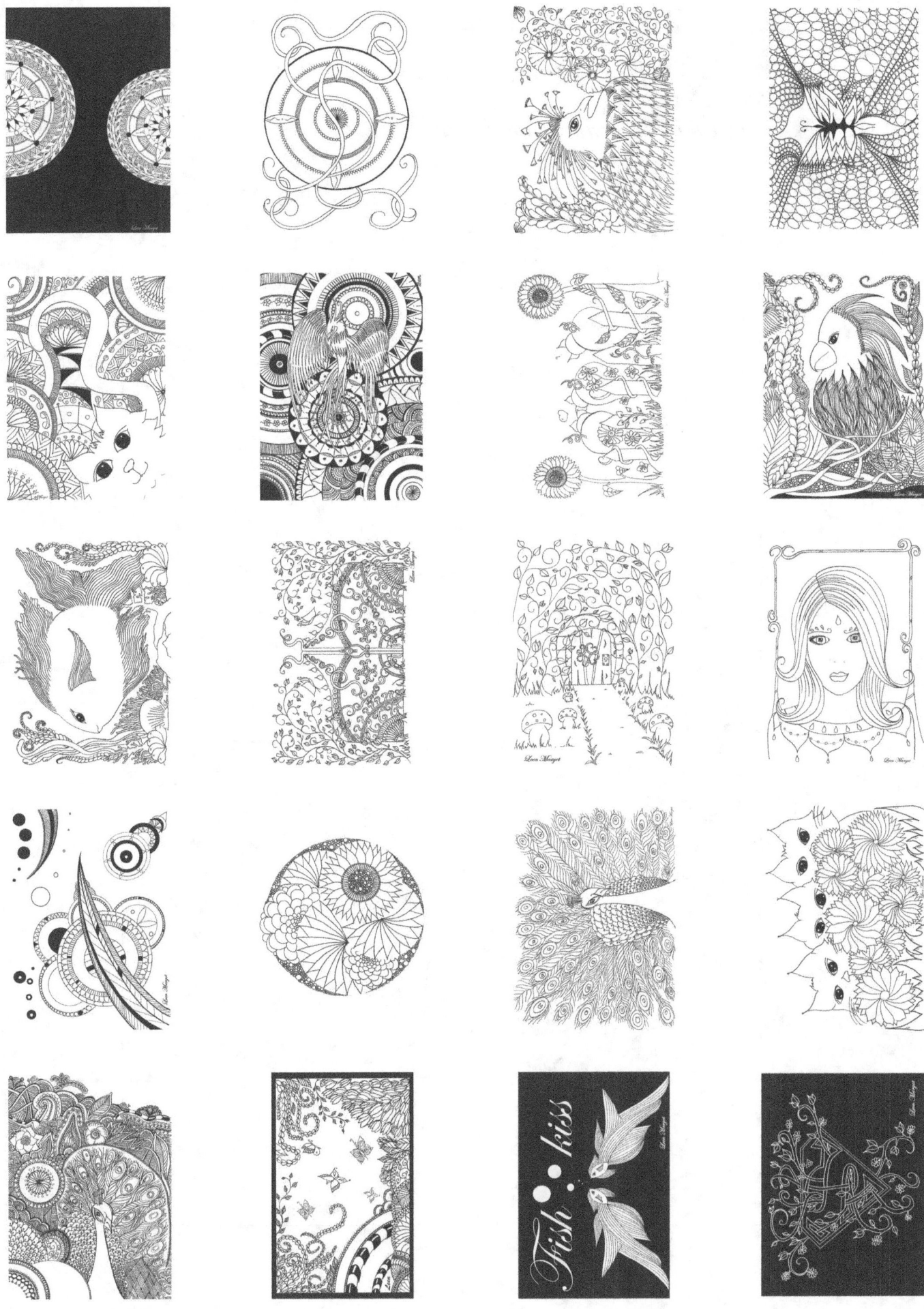

Testez ici vos couleurs ! Extraits de
"My Pocket Coloring Companion"
& de
"My Coloring Companion" de Maria Wedel

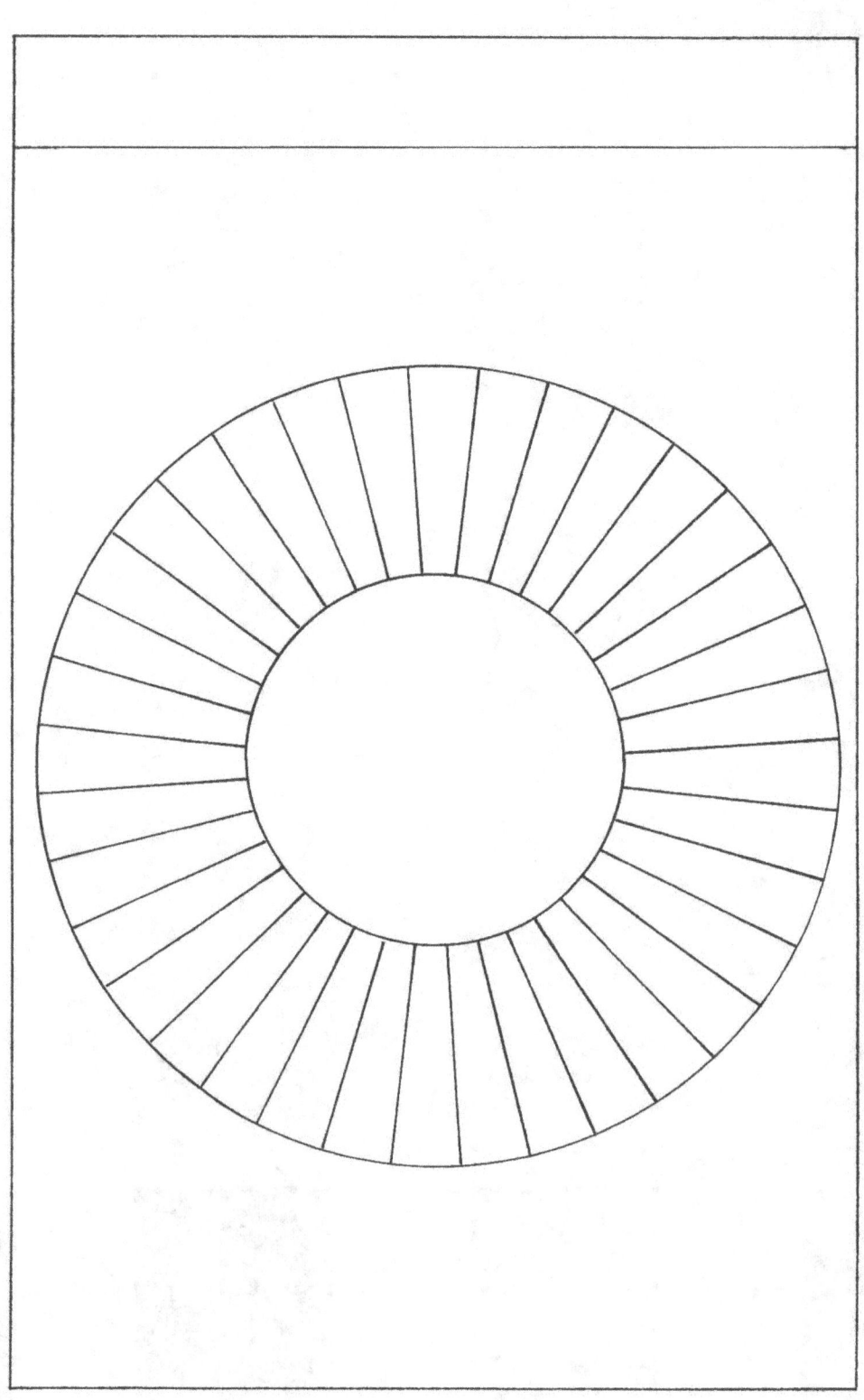

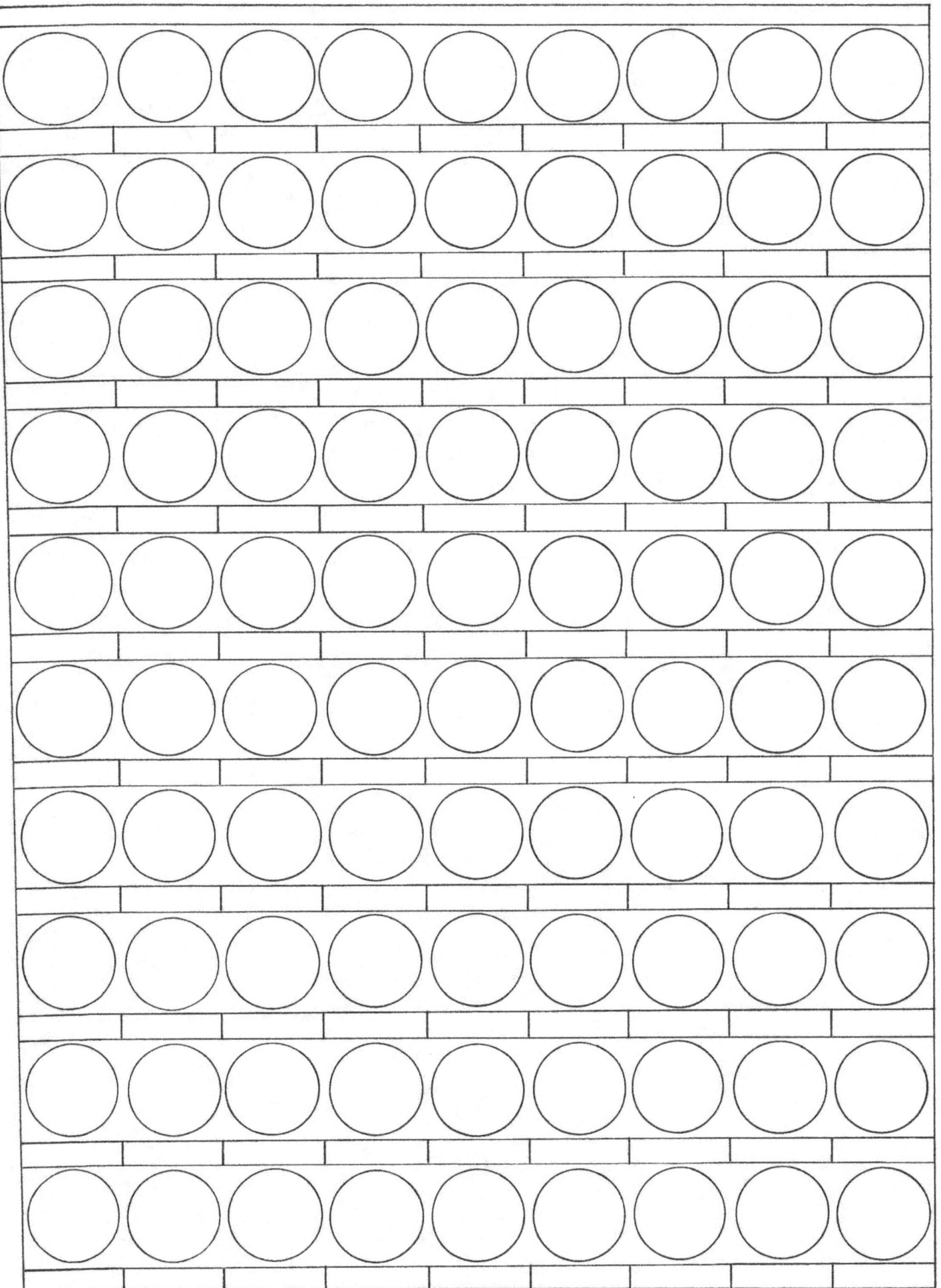

www.ingramcontent.com/pod-product-compliance
Lightning Source LLC
Chambersburg PA
CBHW082340220526
45470CB00008B/2585